大軍都東京

MASSIVE MILITARY CITY TOKYO 1868-1945

忘れられた日本の戦争遺跡を訪ねる

黒田涼

笠間書院

まえがき

戦後80年が経とうとしています。

日本が戦争を繰り広げ、何百万もの国民が死に、また敵とした国の人々を殺してきた日々を記憶する人は、本当に少なくなりました。どうやって戦争の記憶を伝え、残すのかが課題になってきています。

私はその中で、あちこちに残る軍の遺跡に目を向けると良いのでは、と思っています。人の記憶はあやふやで薄れゆくものですが、戦前の建物や遺物は、しっかり保存していけば確かなものとして存在し続けます。

中でも東京は軍遺跡の多いところです。戦前の東京は、軍の施設が密集する軍都の中の軍都、「大軍都」でした。今では考えられませんが、全国でも最大規模の実戦部隊が都心に駐屯し、射撃などの訓練をしていました。多摩地区には多くの航空基地があり、その結果街が発展したとすら言えます。

戦後、軍用地のほとんどは住宅・公園・学校・病院などに転用され、今や軍がいたことすら知らない人も増えているようです。しかし丁寧に目を凝らすと、多くの遺跡があちこちに今も戦争の時代の記憶を残し続けています。

「過去に目を閉ざす者は、現在にも盲目となる」と言います。人口が減っていき「オワコン」(終わったコンテンツ＝存在)とすらいわれる日本の行く末を考えるのに、足元の戦争遺跡について知るのは、何がしか有益ではないかと思っています。

と、堅苦しいことは抜きにしても、大都会東京のあちこちに80年以上昔の遺物がいくつも残っていることを目にするのは、知的好奇心をくすぐるのではないでしょうか。私も取材中は実にワクワクしました。

本書では、空襲など戦争被害の遺跡についてはほとんど触れていません。それはあまりに数が多く、また別の書籍で扱うべきテーマだと思うからです。ご了承ください。

本書は2014年に発刊した『大軍都・東京を歩く』(朝日新書)をベースに、10年間の変化のほか、前著では紹介できなかった施設なども取り込み、また新たに多摩地区も対象に加え、書き下ろしたものです。

この10年で消えてしまった戦争遺跡もあります。一方で整備され、人目につくようになった場所もあります。本書ではできるだけ現地を訪ねて、目にしていただけるように歩行ルートなども紹介しています。ぜひみなさんも本書を片手に、80年以上前の日本の姿に想いを馳せてみてください。

目次

第一章

皇居周辺と築地地区

軍に囲まれていた皇居と海軍発祥の地

かつて江戸城だった皇居。豊かな緑がお堀の水に映え、多くのランナーが集います。江戸城本丸だった東御苑には、今や世界中から観光客が押し寄せています。平和な東京、日本を象徴するような光景ですが、かつて皇居のお堀端はほとんどが軍の施設で埋められ、天皇は軍に守られて暮らしていました。また食の街のイメージの強い築地は、日本海軍の発祥地で、根拠地の一つでした。

皇居周辺

靖国通り
神田駅
山手線・京浜東北線・中央線本線
新幹線
首都高上野線
⓲一橋家屋敷跡碑
近衛騎兵営・軍馬局など
（一橋家屋敷跡）
外堀通り
首都高都心環状線
江戸通り
内堀通り
日本銀行
東京鎮台・近衛工兵営
パレスホテル東京
陸軍倉庫など
東京鎮台歩兵営
陸軍調馬局など
⓱電話交換創始之地
永代通り
電信隊など
東京駅
中央通り
昭和通り
首都高都心環状線
東京鎮台輜重兵営
・騎兵営
⓰三菱一号館
新幹線
監軍本部
東京国際フォーラム
帝国劇場
陸軍練兵場
⓯第一生命館
東京鎮台
有楽町駅
新大橋通り
東海道線
晴海通り

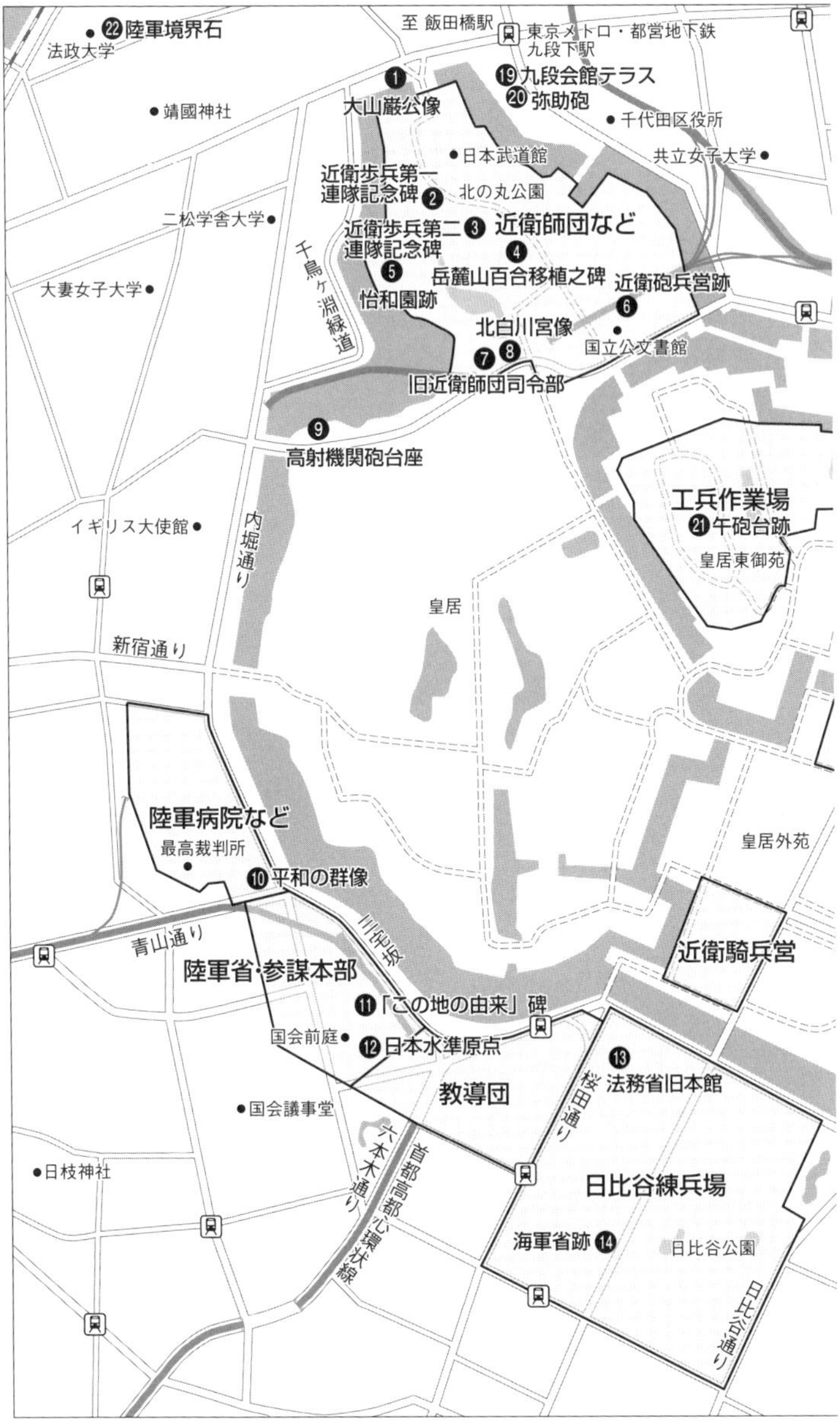
至 飯田橋駅
東京メトロ・都営地下鉄
九段下駅
㉒陸軍境界石
法政大学
靖國神社
❶大山巌公像
⑲九段会館テラス
⑳弥助砲
千代田区役所
日本武道館
共立女子大学
近衛歩兵第一
連隊記念碑 ❷
北の丸公園
二松学舎大学
近衛歩兵第二 ❸ 近衛師団など
連隊記念碑
❹
千鳥ヶ淵緑道
❺
岳麓山百合移植之碑
近衛砲兵営跡
❻
大妻女子大学
怡和園跡
北白川宮像
❼❽
国立公文書館
旧近衛師団司令部
❾
高射機関砲台座
工兵作業場
㉑午砲台跡
皇居東御苑
イギリス大使館
内堀通り
皇居
新宿通り
陸軍病院など
最高裁判所
❿平和の群像
皇居外苑
青山通り
三宅坂
陸軍省・参謀本部
近衛騎兵営
⓫「この地の由来」碑
国会前庭
⓬日本水準原点
⓭
法務省旧本館
教導団
桜田通り
国会議事堂
六本木通り
首都高都心環状線
日枝神社
日比谷練兵場
海軍省跡 ⓮
日比谷公園
日比谷通り

明治維新後、天皇は敵方だった徳川氏の本拠、江戸城に乗り込んで住まいとしました。考えようによっては大変危険なことです。幕末の江戸の市民はみな将軍びいき。徳川の残党が襲撃してこないか？　新政府に不満を持つ勢力が攻め込んでこないか？　そんな心配をしても当然の状況でした。それが頭にあったのか、明治時代の前半は、皇居の周りはほとんど軍用地で、それが解消されるのは明治末のことです。

北の丸公園は近衛師団駐屯地だった

では皇居周辺を歩いてみましょう。

東京メトロ東西線・半蔵門線、都営新宿線の九段下駅で降りて日本武道館方面に向かいましょう。九段坂を登ると、途中に巨大な「元帥陸軍大将大山巌《いわお》公像」騎馬像①があります。大山は西郷隆盛の従弟であり、戊辰戦争にも従軍し、日露戦争では満州軍総司令官として日本を勝利に導いた英雄でした。明治陸軍を山県有朋とともに仕切った巨頭で、その後元老となり1916（大正5）年に亡くなりました。

この像は1919（大正8）年に、新海竹太郎作の像として参謀本部内に建てられましたが、戦中に金属供出されてしまいました。しかし戦後に上野の東京芸大構内で発見され、1964

近年整備されて見やすくなった大山巌像①

（昭和39）年に現在地に再建されます。大山を慕う人が溶かさずに密かに隠していたのでしょうか。

　像の場所から少し戻って、江戸城の旧田安門を入ると北の丸公園です。日本武道館や科学技術館があり、スポーツや音楽イベントで賑わいますが、整備されたのは１９６４（昭和39）年

大山巌（出典：国立国会図書館「近代日本人の肖像」）

岳麓山百合移植之碑④

近衛歩兵第一連隊記念碑②

近衛歩兵第二連隊記念碑③

の東京五輪後、1969（昭和44）年のこと。戦時中はこの南側に住む天皇を守る拠点、近衛師団司令部があり、近衛歩兵第一連隊、第二連隊の駐屯地でした。

現在、北の丸公園には記念碑があるだけで建物などはありません。近衛歩兵第一連隊記念碑②は武道館向かいの休憩所裏にあり、見つけやすいですが、第二連隊の碑③はその脇の遊歩道をさらに進んだ所で、わかりにくいです。周囲は美しい林が広がります。濃い木陰の下、記念碑に気づく人も多くないようです。

第二連隊跡碑のさらに先に「岳麓山百合移植之碑」④というものがあります。碑文は軍の命令文形式で、1939（昭和14）年に富士の滝ヶ原駐屯地（静岡県御殿場市）に行った際、兵営の美化のためできるだけたくさんの山百合を取ってきて兵営に植え、個数を報告しろ、各人最低一株は採れ、という内容です。「なんでしょう、これは？」という命令で、しかもこれをなぜ石碑にする？　と思わせる内容です。ヒントは命令の日付の8月1日にあります。第二連隊長の深堀游亀《ゆうき》大佐は4月に着任し、11月には日露戦争以来となる近衛師団の外征、中国戦線に従軍することが決まっている緊張感漂う時期です。

私は命令文中の「各人」という言葉に注目します。戦場に出て、おそらくは戦死者も出るでしょう。万が一の時のために、形見の花を持ち帰らせようとしたのではないか、そのように想像が膨らみます。

深堀大佐はのちにニューギニア方面の支隊長となります。その隊では、飢えや病気に苦しむ兵の戦意高揚のために劇団を作り、公演を毎日のように行いました。有名な「南の島に雪が降る」という、俳優加東大介の戦争手記で知られる話ですが、この部隊の司令官が深堀でした。きっと人情味あふれる軍人だったのでしょう。

近衛兵から始まった日本陸軍

近衛師団とは律令時代の官職名を受け継ぎ、「天皇を守る」という意味の部隊。実はこの近衛部隊が日本陸軍の出発点です。

戊辰戦争を通じ、新政府側は徳川の兵を圧倒しました。しかし新政府軍は薩長土肥を中心に旧来の各藩兵の寄せ集めでした。薩摩兵は西郷隆盛が率い、長州兵は大村益次郎が率い、土佐兵は板垣退助が率いと指揮はバラバラだったのです。国内の安定、国防上も、一刻も早い新政府直属の「軍」創設が急務でした。

明治天皇は1868(明治元)年10月に東京に入りますがいったん京都に戻り、1869(明治2)年3月に再び東京に入って、以後東京がなし崩し的に首都となります。最初に天皇が東京へ向かった際は臨時の兵が付き従いましたが、常設の護衛部隊はいませんでした。

そこで1871(明治4)年、鹿児島藩、山口藩、高知藩、いわゆる「薩長土」の藩兵を「御親兵」として明治政府直属の部隊とし、天皇の護衛にあてることにします。これが1872(明治5)年に「近衛」と改称され、のちの近衛師団の元になります。明治政府の軍は「天皇を守る軍」として始まったのです。

1873(明治6)年には徴兵制度が始まって新政府直属の軍隊は年々充実していきます。当初、徴兵された兵は全国各地の鎮台(駐屯地)に配属され、近衛兵の方は御親兵出身者主体でしたが、西南戦争時に脱退者が続出したため、以後は召集兵の中から優秀者を配属するようになりました。1891(明治24)年には名称が近衛師団となります。

近衛師団を構成する近衛歩兵第一連隊、第二連隊は1874（明治7）年に編制され、江戸城北の丸跡を駐屯地としました。以後、敗戦まで両連隊はこの地に駐屯します。

先にも書いたように、近衛連隊の兵士は召集兵の中から優秀な者が選抜されて入隊しました。ですから各地方ごとに集められた一般連隊と違い出身地は全国に及んでいて、郷里から近衛兵が出るのは大変な名誉でした。将校も名だたる人物が就いており、師団長は北白川宮のように皇族がなることがしばしばありました。坂の上の雲で知られる日本騎兵の父、秋山好古《よしふる》も第13代師団長でした。終戦時の阿南惟幾《あなみこれちか》陸軍大臣も連隊長を務めたことがあります。第二次大戦末期には師団数が増え、最終的に近衛第三師団まで編制されます。

遊休施設になってしまった旧近衛師団司令部

武道館近くの休憩所から、千鳥ヶ淵方面の林の遊歩道に分け入ると、堀が望める場所に「怡和《いわ》園《えん》の碑」⑤があります。このあたりは第一連隊の兵営裏でしたが、1908（明治41）年に由比《ゆひ》光衛《みつえ》連隊長がここに将兵の憩いの場として庭園を作るように命じ、怡和園と命名されました。

戦後に北の丸公園を整備する際に碑はいったん埋められましたが、その後掘り起こされて再建されました。深堀や由比のような軍人がいたことに少しホッとします。

怡和園の碑⑤

公園の南東側、現在、警視庁第一機動隊や宮内庁・皇宮警察の職員宿舎があるあたりには、明治初期には近衛砲兵営⑥がありました。ここでは1878（明治11）年に竹橋事件が起きました。これは、前年の西南戦争に近衛兵らが出征したにもかかわらず恩賞が少ないとの不平に端を発した反乱事件です。もともと近衛兵は天皇を守るだけで戦場に出なくていい、と聞かされていたことで不満が高まっていたともいいます。

天皇を守るはずの軍隊が反乱を起こしたことに政府は衝撃を受け、この事件を機に憲兵制度や皇宮警察ができ、また軍人勅諭などの精神教育が強化されました。

首都高の代官町入口方面に歩きましょう。そのそばにある旧東京国立近代美術館工芸館⑦は、近衛師団の司令部でした。師団司令部は当初、皇居内西の丸の坂下門内にありましたが、1910（明治43）年にここに移ります。

この時建てられたのが、この重厚かつ華麗なレンガ造りの建物で、皇居が爆撃目標にならな

重要文化財の旧近衛師団司令部庁舎⑦

かったため、空襲も免れました。今は重要文化財です。以前は美術館として中に入れましたが、近代美術館工芸館が金沢市に移転してしまったため、現在は使われていません。実にもったいないです。

正面には優美な八角形の塔が立ち、簡素ではありますが、レンガと、屋根のスレートの黒、窓などの白との対比が美しいです。中央官庁街のレンガ建築がほとんど失われた現在、貴重な明治建築です。今は近づいて見ることはできないのですが、地面近くにある換気窓には、陸軍のシンボルである星形（五芒星）があしらわれているのも見えます。

そしてここは「宮城事件」という天皇の終戦玉音放送を阻止しようとした一部将校の反乱事件の舞台でもあります。１９４５（昭和20）年

近衛師団司令部玄関から続く階段⑦

8月10日の御前会議でポツダム宣言の受諾、つまり無条件降伏が決まります。けれども、これに納得しない一部の陸軍中堅将校らがクーデターを企てます。

8月15日未明、彼らは森赳《もりたけし》近衛師団長に面会しクーデター参加を要求。しかし色よい返事を得られなかったため拳銃で射殺し、師団長のニセ命令を作成して近衛師団に宮城占拠、玉音放送阻止を命じたのです。

ところが、東京の守備を管轄する東部軍管区司令部の田中静壱《しずいち》司令官はニセ命令に気づき、鎮圧に動いたためクーデターは頓挫《とんざ》。参加した将校の一部は皇居周辺で自殺しましたが、生き残った将校らは敗戦のどさくさの中、誰一人処罰されませんでした。これらの経緯が検証されたのが、有名な半藤一利の「日本のいちばん長い日」です。

森師団長殺害場所は、師団司令部2階にあった師団長室です。建物は北の丸を公園化する際に取り壊される予定でしたが、建築関係者や旧近衛師団関係者の猛反対に遭い保存することになり、1972（昭和47）年に重要文化財に指定されました。その後内部は大幅に改造され、1977（昭和52）年から国立近代美術館工芸館として開館しましたが、2020年に移転し閉館しました。

工芸館脇の木々の中には、見落としそうになる北白川宮能久《よしひさ》親王の銅像⑧が建っています。彼は幕末には上野寛永寺のトップ、輪王寺宮《りんのうじのみや》として彰義隊に担ぎ出され幕府側で戦った人物でした

北白川宮能久親王像⑧

が、その後許されて還俗。今度は軍人になって近衛師団長として日清戦争に出征しましたが台湾で病没します。数奇な生涯ですね。

さすがに皇族の銅像は金属供出はされず、元はもっと目立つ場所にあったのですが、何か人目を憚《はばか》ったのか、北の丸公園整備の際、現在の目立たない場所に移転されました。この像も新海竹太郎作です。

北の丸にはほかにも、今の国立公文書館あたりに1901（明治34）年、教育総監部が隼町から移ってきて1941（昭和16）年に市ヶ谷に移転するまでありました。教育総監は陸軍の教育を総括する責任者で、その地位は陸軍大臣、参謀総長と同格でした。

千鳥ヶ淵に残る高射機関砲台座

では、北の丸公園を出て千鳥ヶ淵方面に向かいましょう。

旧近衛師団司令部先の代官町通りの堀側には、江戸城を守る土塁が今も残ります。この上は現在は遊歩道ですが、そのほぼ西端に、化粧板がのった丸いベンチのようなものが点在しています。これは皇居を守るために戦前に設置された高射機関砲の台座跡⑨です。地下にはトンネルがあるといい、時々そのコンクリートの一部が露出することがあります。こうした皇居防衛陣地は各所にありましたが、台座が残っているのはここだけです。

台座の中心は回転軸になっており、360度回って主に低空で迫る敵戦闘機を迎撃しました。しかし機関砲を発射するとその弾丸などが築地や芝に落下し、それが当たって住民に死傷者も出たと中央区史などに書かれています。し

旧江戸城土塁上に点在する高射機関砲台座⑨

かし現地に何の掲示もないのはどうしたことでしょう。残り少ない戦前の軍事遺跡なのですが。

内堀通りに出て左折し、お堀端を通ります。半蔵門を過ぎると、国立劇場（建替準備中）と最高裁判所があります。明治政府は1871（明治4）年、この一帯2万9千坪の広大な敷地に兵部省軍医寮附属本病院を設置しました。

その後、1873（明治6）年に陸軍本病院と改称し、さらに東京陸軍病院、東京鎮台病院、東京衛戍《えいじゅ》病院、東京第一衛戍病院などと改称が続きます。ここは、1929（昭和4）年に現在の新宿区に移転するまで、陸軍軍医本部などとともに陸軍医療の中心地でした。この衛戍という言葉はわかりにくいですが、ある場所に永久に軍隊が駐屯することを指します。衛戍場所は全国各地に定められ、東京衛戍病院とはその衛戍地である東京の軍に附属する病院、という意味です。戦後は米軍に接収されて長く米軍宿舎でした。

また最高裁判所南西角には小公園⑩があり、平和の群像という3人の裸婦像が建っています。しかし台座とのバランスが悪いです。それもそのはず、本来ここには陸軍大臣、総理大臣を務めた寺内正毅《てらうちまさたけ》元帥の堂々たる騎馬像があったのです。1923（大正12）年の設置で、作者は長崎平和祈念像で有名な北村西望でした。

第二次大戦の戦況が悪くなると金属回収が始まりますが、元首相・陸軍元帥の像は回収されな

3人の女性像が乗るには不釣り合いにいかめしく大きな台座となっている「平和の群像」⑩

武蔵野市の井の頭自然文化園内に残る北村西望のアトリエに展示されている寺内正毅像の試作像。これを大きくしたものが「平和の群像」の台座上にあった

寺内正毅（出典：国立国会図書館「近代日本人の肖像」）

いだろうと思われていたところ、やはり陸軍大臣、元帥を務めた長男の寺内寿一が、「範《はん》を垂れる」として回収を申し出て溶かされてしまいました。

中が空洞の銅像は実は見かけほど金属量はなく、実際的意味には乏しかったとも言います。マントを羽織った騎馬像はユニークで芸術的価値も高かったのですが、寺内はもともと人気のない人物で、銅像ができると「胸が悪くなるから叩き壊せ」などといった激烈な非難、脅迫が相次ぎ、警視庁が警戒に当たったといいます。なくなるべくしてなくなったのでしょうか。

江戸の要衝が陸軍省・参謀本部に

現在の国会議事堂や国会前庭公園の街区は戦後に大改造されており一概に戦前と比較できませんが、だいたい国会前庭公園の北地区あたりに陸軍省と参謀本部、陸軍大臣官邸がありました。江戸時代は彦根藩井伊家上屋敷、桜田門外の変で有名な井伊直弼の屋敷です。陸軍大臣官邸跡は議事堂敷地内になっており、入ることはできません。

この井伊家上屋敷は、広大な桜田堀を挟んで江戸城と向かい合う戦略的に重要な丘の上にあります。井伊家は徳川譜代の筆頭大名家、家臣ナンバーワン。家格からすれば大手門前あたりの一等地に屋敷があってもおかしくないのですが、いざ江戸城が攻められるという実戦を想定してこ

爆撃で廃墟となった東京・三宅坂付近。中央が寺内像があった場所。上が陸軍省・参謀本部（昭和館蔵）

こに屋敷を置いたのでしょう。

江戸城の主が天皇に替わり、井伊家の跡地に天皇を守る存在として陸軍省や参謀本部が長年置かれていたというのは象徴的なことです。参謀本部とは陸軍の作戦を統括する組織です。戦前は「三宅坂」と言えば参謀本部を指し、1879（明治12）年に建てられた壮麗な建物があたりを睥睨していましたが、1945（昭和20）年5月25日の山の手空襲で焼失します。

国会前庭公園は美しく整備されて四季の花が咲き誇り、無料で開放されています。しかし昔の歴史に触れたものはほとんどありません。軍についてはわずかに時計台下の「この地の由来」と題した碑⑪の中で、「参謀本部の所在地となった」と書かれているだけです。

一つだけ、公園内には小さな神殿風の建物⑫

があります。この中には、日本の地図製作上重要な日本各地の標高を測る基点、日本水準原点があります。戦前、地図作製は軍の仕事でした。陸地測量部はこの参謀本部の一組織であり、同じ敷地にありました。原点を収めた標庫は1891（明治24）年に作られ、旧軍の建物がほぼ同じ機能で使われ続けているのはここだ

国会前庭公園北地区にある「この地の由来」碑⑪

日本水準原点標庫。黒い扉の中に原点がある⑫

けでしょう。建物正面には菊の紋章と「大日本帝国」の文字がいまだに刻まれています。水準原点と標庫は2019年に重要文化財に指定されました。

広大な練兵場だった日比谷公園

では、現在の日本政治の中心地、霞が関に歩を進めましょう。

明治維新直後には、日比谷公園から現在の法務省や東京高等裁判所、厚生労働省、農林水産省などを含む広大な一帯に日比谷練兵場が作られました。大大名の屋敷などを取り壊してほぼ更地にしてしまったのです。

しかし首都中心部に官庁街を整備するため、練兵場は1888（明治21）年に青山（現在の神宮外苑）に移転します。

ところが日比谷公園の敷地は古くは日比谷入江という海で地盤が軟弱であり、当時の技術では重いレンガ造りの建築物は建てられませんでした。首都改造予算が削られたこともあり、ここには公園を作ることとし、1903（明治36）年に日比谷公園が開園します。

日比谷公園から通りを挟んで西側、法務省や厚労省、農水省があるあたりは、法務省、大審院（現在の最高裁判所にあたる）、海軍省の立派なレンガ造りの建物が北から並んで建てられました

現在の農水省・厚労省敷地にあった海軍省（昭和館蔵）

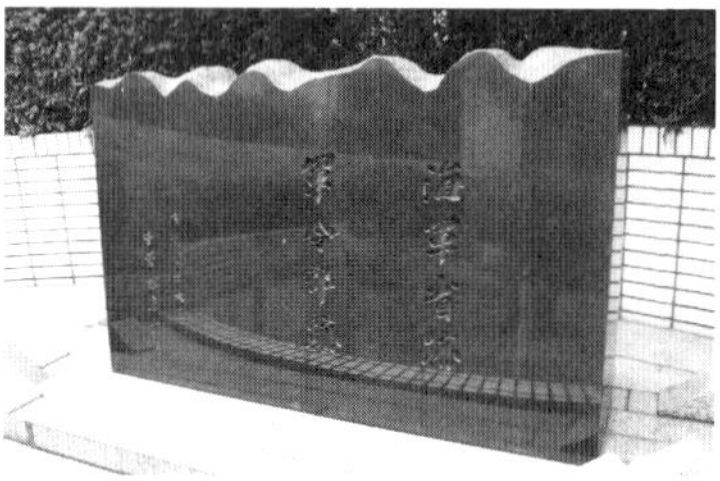

厚生労働省内に建つ海軍省跡、軍令部跡の碑⑭

が、今残っているのは重要文化財の法務省旧本館⑬だけです。

　海軍省庁舎は１８９４（明治27）年、旧練兵場の南西隅に、鹿鳴館やニコライ堂を設計したジョサイア・コンドルの設計で完成しますが、１９４５（昭和20）年の空襲で焼失します。

　庁舎は今の農水省庁舎の場所に桜田通りに面

して建っていましたが、その東側となる厚労省前に「海軍省跡・軍令部跡」との碑⑭が建っています。軍令部とは陸軍の参謀本部にあたるものです。

厚労省敷地には1899（明治32）年から1927（昭和2）年まで、海軍予備校だった海城学校がありましたが、その後海軍省用地となっています。

最近はどこの官庁も警備が厳重で自由に入ることができませんが、入口の警備員に「海軍省跡の碑が見たい」と言えば、簡単な受付で予約なしで見せてもらえます。碑は1985（昭和60）年、時の中曽根康弘総理が建てさせました。揮毫《きごう》も中曽根氏です。終戦時に海軍少佐だった中曽根氏としては面目躍如だったのでしょうね。

練兵場の隣、桜田通りをはさんだ現在の警視庁、総務省、国土交通省敷地には、明治初期には教導団砲兵営、教導団歩兵営、教導団工兵営がありました。教導団とは軍曹や伍長といった下士官を養成する学校です。警視庁が現在地に移るのは関東大震災後の1931（昭和6）年です。

また日比谷公園角の日比谷交差点からは第一生命館⑮が見えます。再開発で高層化されたため、外観や内部の一部を除き、1938（昭和13）年竣工の建物内部のほとんどは壊されています。

ここに戦後にGHQ（連合国最高司令官総司令部）が置かれたことは有名で、マッカーサー司令官の執務室は保存されていますが、通常非公開です。実はこの建物は宮城事件で登場した東部

第一生命館を出て車に乗り込むマッカーサー（昭和館蔵）

軍管区司令部として戦中に接収されており、田中司令官の司令室がマッカーサーの執務室に引き継がれています。

田中司令官は宮城事件鎮圧の最大の功労者ですが、その後の反乱事件なども鎮圧したあと、この部屋で拳銃自殺しています。

ほぼ全域が軍用地だった丸の内

次に、丸の内を歩きましょう。

東京の大手町や丸の内と言えば、多くの企業が本社を構える一等地のビジネスエリアです。その由来は江戸城の正面玄関、大手門前だったことにあります。現在の大手町や丸の内に屋敷があった大名家は徳川家・幕府と親しい家でし

戦前からの外観が残る第一生命館。マッカーサーの執務室は6階。ビル壁面の社名の「生」の字の右側あたりで、皇居は見えない⑮

た。しかし明治政府としては、幕府と仲がよかった大名の屋敷をそのまま皇居の近くに置いておくのは危険です。

　そのためこのあたりの大名屋敷はみな新政府に召し上げられてしまいます。維新後は幕府と親しかったことがあだになりました。取り上げられた土地の多くは軍用地になります。

マッカーサーの執務机。即断即決を旨としていたため、資料を入れる引き出しがない

現在、東京国際フォーラムや有楽町駅、交通会館などが建っているあたりは、江戸時代は北側に高知藩山内家、南側に徳島藩蜂須賀家の屋敷が並んでいましたが、明治初期には陸軍練兵場にされてしまいます。要はただの原っぱです。

さらに東京會舘や帝国劇場、新東京ビル、国際ビルなどの場所は、江戸時代はすべて鳥取藩池田家の上屋敷だったのですが、明治になるとそのまま監軍本部となります。監軍本部とは東京鎮台司令部とでも言うべき場所で、敷地内に陸軍教導団や教導団軍楽隊、東京鎮台軍法会議といった機関がありました。

東京駅前を南北に通じる大名小路という通りがありますが、通り沿いの三菱一号館⑯や、その西の明治安田生命ビルのあたりは東京鎮台騎兵営でした。さらに北の三菱ビルから日比谷堀の間は東京鎮台輜《し》重《ちょう》兵営。輜重兵とは現代で言う輸送部隊のことです。

東京駅前、丸ビルや新丸ビル一帯には、軍用電信隊や陸軍省会計局倉庫といった施設が置かれます。この電信隊の施設を利用して１８９０（明治23）年、日本初の電話業務が始まりました。日本工業倶楽部ビルの壁面に「電話交換創始之地」⑰との石板が嵌《は》め込まれています。

丸の内オアゾから丸の内トラストタワーにかけて、幕末に旧細川家上屋敷だったあたりは東京鎮台歩兵営でした。丸の内地区には、明治政府陸軍の実戦部隊が固まって集められていたことがわかります。

再建された三菱一号館ビル⑯

三菱UFJ信託銀行本店ビル壁面にある電話交換創始之地のレリーフ⑰

明治初年の東京の中心街は、日本橋、京橋、銀座でした。その中心街と皇居との間には軍用地がえんえんと連なり、いかにも民衆からは天皇が遠い感じです。

軍の移転で丸の内を手にした三菱

しかしこの地域からは、ほぼ明治のうちに軍は姿を消します。明治も20年代になると、東京を諸外国にひけをとらない首都として整備しなければ、という考えが出てきました。

また軍は維新の創業期を終え、いよいよ対外進出を狙おうという時代になり、武器や施設の近代化が課題となりますが、それには多くの資金が必要です。このような理由から、軍は大手町・丸の内の土地を売却して移転を計画します。

しかし軍人は「武士の商法」で、法外な値段で売ろうとしたため、なかなか買い取る民間企業が現れません。

進まない売却に困った大蔵大臣の松方正義は、娘婿である当時の三菱総帥、岩崎弥之助（弥太郎の弟）を訪ね、「政府を救うと思って」と購入を頼み込みます。その結果1890（明治23）年、当時の価格にして128万円で、一帯10万坪を買い取らせることで話がつきました。

この額は当時の東京市の予算の3倍でした。この無謀とも思える大出費に当時の人は呆れ、何に使うか聞かれた弥之助が「なーに竹を植えて虎でも飼うさ」と話した、というのは有名な話です。しかし軍や政府に恩を売り、三菱の立場は強くなりました。

その後1894（明治27）年に三菱一号館が完成（現在の建物は2009年復元）、はす向かいの練兵場にも、立派な東京府庁舎が完成します。しかし大部分の土地はしばらく原っぱのままです。ただ、いずれこの付近に鉄道が敷かれ、中央停車場（東京駅）ができる、という情報もあったはずで、三菱としては先を見越して十分成算のある投資だったのではないでしょうか。その結果は現在の丸の内「三菱村」を見れば、先見の明に感心するしかありません。

大手町には軍馬の部隊

内堀通りの大手門正面に向かいましょう。幕末には歩兵屯所がありました。

歩兵屯所とは幕府がそれまでの旗本・御家人にこだわらず広く召集した歩兵隊の駐屯地のことです。維新後、そっくりそのまま敵である官軍の東京鎮台工兵営、近衛工兵営となります。「鎮台」は、1873（明治6）年に公布された徴兵令によって集められた兵隊を全国に配属した単位のことです。東京鎮台はのちに陸軍第一師団となります。

その後、付近には憲兵司令部、東京憲兵隊本部ができます。現在のパレスホテル東京あたり。関東大震災の際に社会主義者の大杉栄と伊藤野枝、巻き添えになった甥の少年が殺されたのはここです。憲兵司令部などは1935（昭和10）年に今の千代田区役所並びの東京法務局あたりに移転し、敗戦まで存続します。今も仕事内容が似ていそうな（？）公安調査庁の庁舎が建ちます。丸の内・大手町から内堀沿いの竹橋あたりまでの地には、江戸時代は御三卿の一家、一橋家上屋敷がありました。丸紅本社、ＫＫＲホテル東京、気象庁跡、東京消防庁、日本経済新聞社、ＪＡ、経団連にまで及ぶ広大な土地です。一橋家は八代将軍吉宗の子孫で将軍後継候補を出す家柄。最後の将軍徳川慶喜もこの家に養子に入って将軍になりました。丸紅敷地内に記念碑⑱があります。

この敷地は明治の初年には、陸軍軍馬局、陸軍病馬院となりました。前将軍の屋敷跡を馬の役所にしたわけですね。

ここまで地図を見ると一目瞭然ですが、竹橋から日比谷にかけてのお堀端は、明治の前半は今の三井物産のあたりにあった大蔵省と内務省を除いては、隙間なく軍の施設が並んでいたことになります。

外観保存された旧軍人会館

竹橋を過ぎて九段下方面に向かいましょう。牛ヶ淵のほとりには九段会館がありました。ここは帝国在郷軍人会の施設、軍人会館でした。在郷軍人とは予備役軍人などのことで、軍の一線を

再開発工事直前の九段会館正面⑲

退いて一般社会で暮らしている人たちのこと。OB会に近いものです。
本部は陸軍省内にあり、各地の事務も全国の師団司令部が支援したので、実質的に軍の組織と言っていいでしょう。軍人精神向上や傷痍軍人の救護を目的に発足しましたが、召集事務や徴兵検査、軍隊入営予定者の予備訓練などまで協力し、昭和初期で300万人近い会員がいました。
会館は1934（昭和9）年に建てられ、鉄筋コンクリートのビルの上に和風の屋根が載る「帝冠様式」という昭和初期に流行ったスタイルの建物です。会員の宿泊などに利用されましたが、敗戦による在郷軍人会の解散で戦後は国から日本遺族会に貸与され、ホテルやホールとして営業してきました。しかし東日本大震災の時に天井が崩落して死者を出し、修復や耐震補強は困難ということで廃業します。

この建物には二・二六事件の際に戒厳司令部が置かれたり、大政翼賛会結成式が開かれたりするなど歴史的に重要な事件の舞台でした。都内にある純粋な帝冠様式の建物としても貴重で、修復保存の声も出ましたが、一部外観を残して建て替えられて高層ビル化され、「九段会館テラス」⑲との名称に変わっています。

エントランス部分や道路に面した外壁などは建設当時のままで、前庭部分は「歴史の小径」として整備されました。西南戦争戦死者や乃木大将の碑などがあります。また施設前の交番横には、何やら鉄の棒のようなものが立っています。上には穴が開いていますが、これはなんと、この章の最初で紹介した大山巌が改良を加えた「弥助砲」という大砲（にしては小さいですが）の砲身⑳です。

以前はなんの解説もなく立っていましたが、再開発後は解説プレートがつきました。「弥助」とは大山元帥の通称名です。

また最初に入った田安門の向かいあたりには、陸軍軍人の親睦組織、偕行社がありました。財団法人ではあったものの、陸軍大臣が社長を務めるなど、これも軍の組織としての面が強いものでした。軍人向け住宅地の供給や軍服の販売（将校の軍服は私物）など、軍が関与しづらい部分での企業的側面もありました。

大山巌が考案した弥助砲の砲身⑳

皇居東御苑で撃たれていた午砲

さて、これで皇居を含む旧江戸城内堀を一周したことになります。回ってみると、明治前期には天皇がほとんど隙間なく軍隊に囲まれて暮らしていたことがわかります。

このほか明治初期には、今の皇居外苑に陸軍調馬局や近衛騎兵営がありました。また皇居外苑は内堀通りが南北に通じていますが、この道路も戦争と関係があります。

日露戦争に勝ったあと、1906（明治39）年に凱旋観兵式が行われましたが、この観兵式のために日比谷堀を埋め立てて祝田橋と馬場先橋は作られました。祝田橋たもとの石垣は急ご

戦前に軍が撮影した皇居周辺の空撮写真。上方やや左が北の丸の近衛師団駐屯地。皇居や宮邸は白塗りで隠されている

しらえのため か江戸時代のものと比べ貧弱で見栄えが悪いです。東日本大震災では崩壊寸前となりました。

江戸城の本丸跡、現在の皇居東御苑も近衛工兵作業場などの軍用地でした。ここでは、1871(明治4)年から近衛兵が正午の時報の空砲を撃つようになります。いわゆる午砲「ドン」です。これが午後はお休みを意味する「半ドン」の語源です。今の若い人は「半ドン」がわかるでしょうか。

午砲を撃つために本丸跡には午砲台が築かれ、1922(大正11)年からは東京市が引き継ぎ1929(昭和4)年まで続きました。皇居東御苑の芝生の上には「午砲台跡」㉑と書かれた石が置かれています。また驚くことに、午砲に使った大砲は東京都小金井市の「江戸東京たてもの園」に今も残っています。おそらく幕末ごろに作られた青銅製の古式ゆかしい大砲です。

皇居からは少し離れますが、同じ千代田区の飯田橋駅近くには、1888(明治21)年陸軍軍医学校が置かれました。これは1929(昭和4)年に新宿区の戸山に移転します。跡地は逓信省所管となって逓信病院が建てられ、今も東京逓信病院があります。

この場所には珍しく軍の遺構があります。旧病院の東側、朝鮮総連ビルの目の前あたりになりますが、今は法政大学富士見坂校舎となった敷地の角に小さな石柱が立ち㉒、「陸軍用地」と刻んであります。戦前は軍用地の境界にこのような石標を立てて管理していました。少なくとも

法政大学富士見坂校舎前にある標石。欠けているが「陸軍用地」と読める㉒

午砲台があった皇居東御苑の旧江戸城本丸跡芝生広場㉑

小金井市の江戸東京たてもの園に展示されている午砲

100年以上前のものです。

海軍の発祥地だった築地

さて今度は少し離れた築地に向かいましょう。

関東大震災で壊滅的打撃を受けた日本橋の魚河岸が移転して今の築地市場ができたというのはご存じの方も多いと思います。では魚河岸が移転する前には何があったのか、知る人は少ないのではないでしょうか。実は築地市場の広大な敷地は、明治の初めから海軍の中枢で、海軍発祥の地でした。

都営大江戸線の築地市場駅は都の市場がなくなっても駅名は変わりません。まだ場外市

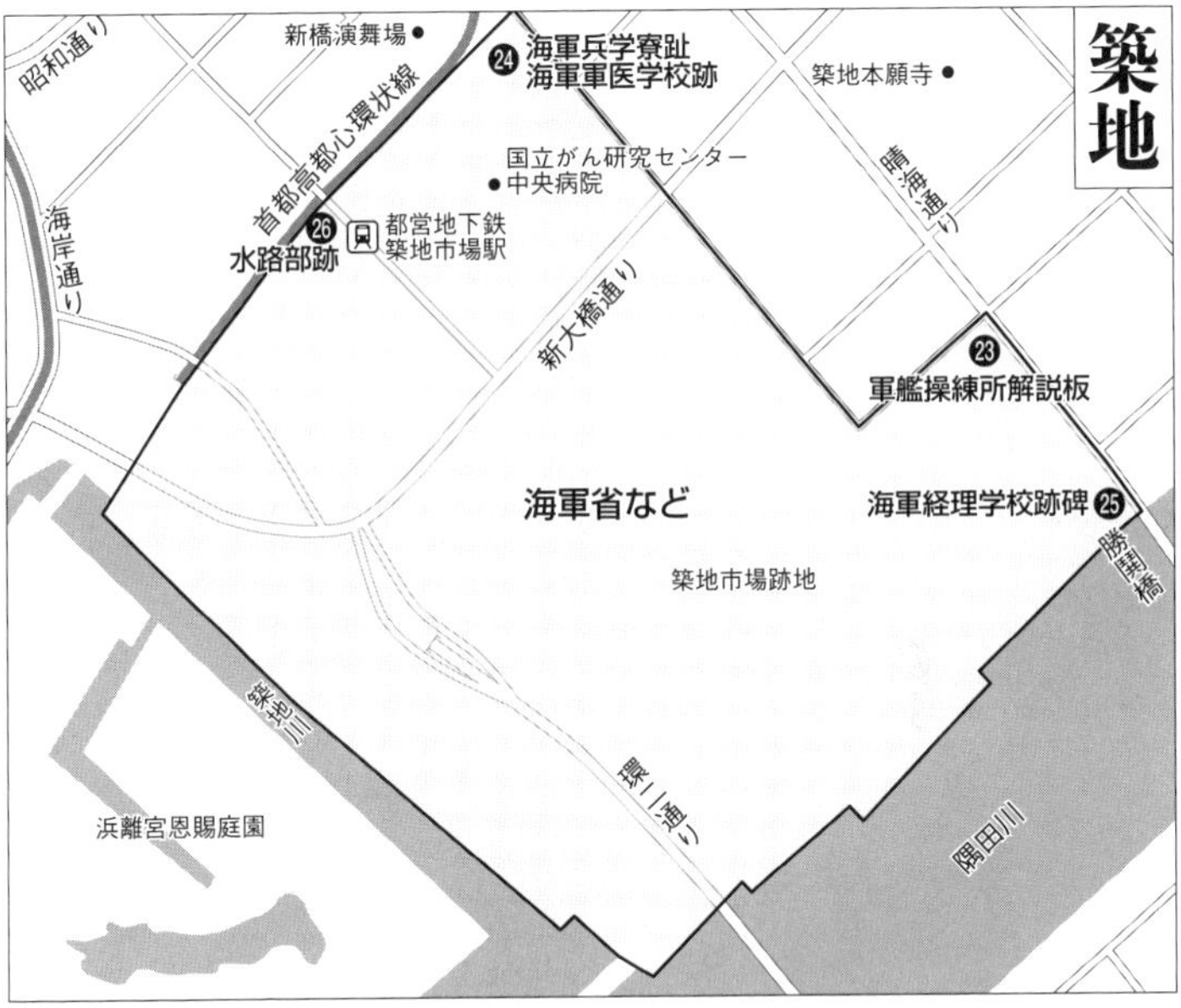

場は残っていますし。旧市場一帯は江戸時代の初めごろは海で、その後埋め立てが進み、「地面を築いた」ということで築地という地名になります。幕末には名古屋藩徳川家、広島藩浅野家、淀藩稲葉家、一橋家などの大名屋敷がありました。

一方幕末には海防の必要が意識され、幕府は1857（安政4）年に、隅田川河口付近だったこれら大名屋敷北側に軍艦操練所を設けます（当初は軍艦教授所）。今の勝関《かちどき》橋南側たもとあたりで、勝海舟らが教授陣でした。現地に解説板があります㉓。これは幕府海軍の中核となる士官の養成学校で、のち軍艦所、海軍所と改称します。

これが築地と海軍の縁の始まりです。

明治維新後、先に挙げた大名屋敷一帯がすべ

軍艦操練所跡の解説板㉓

て新政府の海軍用地になります。その範囲は今の築地市場だけでなく、がん研究センター中央病院や朝日新聞社のあるあたりも含まれていました。最初にできたのは海軍操練所で、１８６９（明治２）年でした。翌年には海軍兵学寮と改称し、１８７６（明治９）年に海軍兵学校となります。

　１８７２（明治５）年には海軍省ができ、海軍兵学寮に近い旧尾張藩邸に設置されます。これが日本海軍の発祥です。このころはまだ大名屋敷の庭園が残っており、その築山の上に海軍卿旗を掲げたため、山を「旗山《はたやま》」と呼ぶようになりました。その地を記念した碑が旧築地市場の一角にありましたが、現在進行中の再開発で今後どうなるか心配です。

　碑には大きく「旗山」と書かれ、以前は市場内の水神社遥拝所入口左にありました。１９３７（昭和12）年の建立で、揮毫は当時の永野修身海軍大臣です。碑文には「此地ヤ実ニ海軍経営ノ根基ヲ為セリ蓋シ其発祥ノ地ト謂ツベシ」とあります。日本海軍はここから始まった、と言っているわけですね。

その後海軍省は1882（明治15）年芝に移転し、のち霞が関に落ち着きます。

兵学校は1883（明治16）年、東京で最初の赤レンガ造りとされる2階建ての生徒館を作り、木造の海軍省より立派だといわれました。しかしそんな立派な建物を作ったのに、兵学校は1888（明治21）年、広島県の江田島に移転してしまいます。銀座に近い築地は誘惑が多い、というのが移転理由です。

海軍発祥の地の記念碑。現在は見ることができない

関東大震災で壊滅し、魚市場に場所を譲る

せっかく造った立派な校舎ですので海軍は空き家にはせず、海軍大学校を作って同年に開校させます。またお隣には芝から海軍経理学校が移ってきます。今の朝日新聞社あたりです。さらに海軍軍医学校は、1873（明治6）年に海軍病院付属学舎として築地にできますが、いったん廃校になり、1882（明治15）年に

国立がん研究センター中央病院内にある「海軍兵学寮趾」「海軍軍医学校跡」の碑㉔

芝で海軍医務局学舎として再興されてから1908（明治41）年に築地に移ってきます。

同じ年、今の国立がん研究センター敷地北部に参考館という施設ができます。新橋演舞場向かい、首都高の銀座ランプのあたりです。銀座ランプに面するがん研究センター敷地内には「海軍兵学寮趾」「海軍軍医学校跡」の碑が並んで建っています㉔。実際に海軍兵学寮（兵学校）があったのはもう少し市場寄りです。経理学校敷地には1910（明治43）年に海軍水路部が移転してきたため、経理学校は軍医学校南東に移転し、隣り合うこととなりました。また海軍の親睦組織水交社は、旧市場の南西あたりにありました。

このように築地には海軍施設がひしめいていたのですが、1923（大正12）年の関東大震災で一変します。ほとんどの施設は壊滅的被害を受け、一時的に各地に避難します。その後やはり大被害を受けた日本橋魚市場が、市民生活の復旧のため一刻も早い再開をということで、一時的に海軍の土地を借りて再開しますが、結局そのまま居座り、海軍用地だった場所の大部分を使って移転することになります。

このためいくつかの海軍施設が築地を去りました。

水交社は1928（昭和3）年に芝に移転。海軍大学校は1932（昭和7）年に目黒に移転します。参考館は海軍館と改称して1937（昭和12）年に原宿に移転しました。軍医学校は参考館の跡地などを使って移ります。ほぼ今のがん研究センターの敷地です。戦後一時米軍に接収されますが、返還後は建物を改修して、1962（昭和37）年に国立がんセンター病院となりました。

経理学校は1932（昭和7）年、それまで海軍造兵廠工場があった築地川の対岸に移ります。今は勝鬨橋のたもととなり、晴海通りの市場側に海軍経理学校跡の碑㉕が建っています。軍艦操練所の解説板の先です。

水路部は同じ場所で建て替えになり、敗戦時まで同じ場所にありました㉖。朝日新聞社の隣です。その後水路部は海上保安庁の所管となり、戦前の軍組織名が存続している唯一の役所でしたが、2002年に「海洋情報部」という味気ない名前に変わってしまい、2011年に庁舎も移転しました。

跡地は東京国税局となりましたが、入口付近に「日本国海図及び海洋調査発祥の地」との解説板があります。水路部は軍艦の通行のための海図作りが仕事で、その業務は1871（明治4）年に始まりました。

帰路の最寄りは大江戸線築地市場駅です。

勝鬨橋たもとにある海軍経理学校跡の碑㉕

東京国税局内にある「日本国海図及び海洋調査発祥の地」の解説板㉖

第二章

軍の街だった赤坂・六本木・青山

港区など

東京の中でも華やかな街のイメージが強い赤坂・六本木・青山あたりですが、この一帯は明治後期に皇居周辺から軍が拠点を移し、実戦部隊が集中した軍の街でした。陸軍第一師団主力は六本木周辺に駐屯し、近衛師団の一部も赤坂にいました。近年話題の神宮外苑も元はと言えば練兵場。これらの街は軍のおかげで繁盛し、今があるのです。

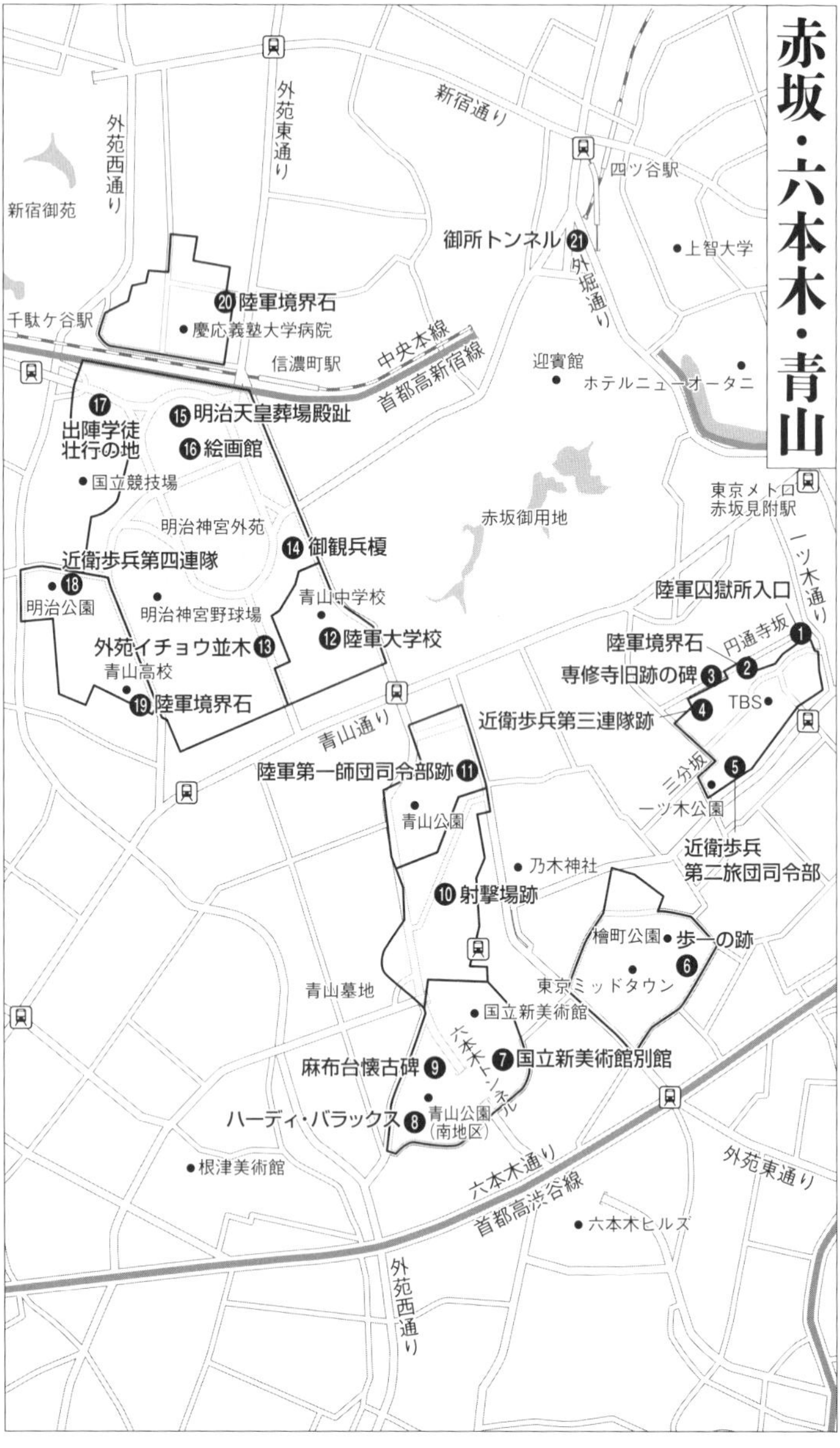
赤坂・六本木・青山
新宿通り
四ツ谷駅
外苑東通り
外苑西通り
新宿御苑
御所トンネル ㉑
外堀通り
上智大学
⑳ 陸軍境界石
慶応義塾大学病院
千駄ケ谷駅
信濃町駅
中央本線
首都高新宿線
迎賓館
ホテルニューオータニ
⑰ 出陣学徒壮行の地
⑮ 明治天皇葬場殿跡
⑯ 絵画館
国立競技場
明治神宮外苑
赤坂御用地
東京メトロ赤坂見附駅
一ツ木通り
⑭ 御観兵榎
近衛歩兵第四連隊
⑱
明治公園
明治神宮野球場
青山中学校
⑫ 陸軍大学校
陸軍囚獄所入口
円通寺坂
①
陸軍境界石 ②
専修寺旧跡の碑 ③
④ 近衛歩兵第三連隊跡
TBS
外苑イチョウ並木 ⑬
青山高校
⑲ 陸軍境界石
青山通り
陸軍第一師団司令部跡 ⑪
三分坂
⑤
一ツ木公園
近衛歩兵第二旅団司令部
青山公園
乃木神社
⑩ 射撃場跡
檜町公園
歩一の跡
⑥
東京ミッドタウン
青山墓地
国立新美術館
⑦ 国立新美術館別館
麻布台懐古碑 ⑨
六本木トンネル
ハーディ・バラックス ⑧
青山公園（南地区）
根津美術館
六本木通り
首都高渋谷線
六本木ヒルズ

東京メトロ銀座線・丸ノ内線赤坂見附駅からスタートしましょう。

駅近くから続く有名な繁華街・一ツ木通りに駅方面から進んで少し左に曲がるあたり右側に、明治維新後まもなくできた陸軍囚獄所（刑務所）の入口①がありました。敷地は近年再開発でできた赤坂サカスや赤坂ＡＣＴシアター、ＴＢＳのあたりです。江戸時代は広島藩浅野家の屋敷でした。

近衛連隊駐屯地だった赤坂

そこに１８９３（明治26）年、近衛歩兵第三連隊が移転してきます。連隊は１８８５（明治18）年に日比谷練兵場で編制され、練兵場がなくなってしばらく霞が関に駐屯していました。それが、第一章でお話しした三菱の金で兵舎をここに建て、移転してきたのです。赤レンガ３階建ての巨大な兵舎２棟が高台からあたりを見下ろし、敗戦まで赤坂の名物でした。

囚獄所入口あたりから右に入る道があります。進んでいくと円通寺坂となる道です。少し行くと左側に鈴降稲荷という看板が見えます。江戸時代からある神社ですが、その先の自動販売機と住宅の間の道脇に、四角い石柱があり「陸軍」と書いてあります②。

さらに先、集合住宅が建つ敷地境界にも白っぽい四角柱が柵の基礎にめり込んで立っています。こちらは「陸軍省所轄」と読めます。

これらは第三連隊駐屯地の敷地境界を示す境界石です。第一章で紹介したのと同類です。2番目の石にはおそらく「陸軍省所轄地」まで彫られていると思いますが、一番下は埋もれて読めません。ほかの場所では「陸軍用地」と書かれたり、「陸軍省所轄地」が2行で書かれたり、境界石にはいくつかタイプがあります。

その先に「円通寺坂」の案内柱が建ちます。登り坂となるてっぺんに江戸時代から円通寺があります。案内柱の少し先の左側の大きな再開発ビル、赤坂パークビル敷地隅には「専修寺旧跡の碑」という碑があります③。

専修寺は1559（永禄2）年に青山にできた古いお寺で、2回移転して江戸時代初期にここに移りました。しかし1907（明治40）年の近衛連隊の用地拡張で品川区に移転を余儀なくされた、と書かれています。碑は2008年になって専修寺が建てました。100年の時を超えての建碑に移転の無念さが伝わってきます。

そのまま赤坂パークビル内に入ると、右手隅の森の中に「近衛歩兵第三連隊跡」という碑があります④。「銀杏ヶ丘」との案内柱もあり、碑の後ろには枯れて上部が切られた巨大なイチョウの木が立っています。戦前はこのイチョウが駐屯地のシンボルでした。再開発の際、碑とともに若干移動しました。

円通寺坂の陸軍境界石

鈴降稲荷近くの陸軍境界石②

専修寺旧跡の碑③

そのままビル正面に向かい、左に進んで雪の日には通行に難儀する三分《さんぷん》坂の急坂上に出ます。坂上の一ツ木公園あたりに近衛歩兵第三連隊を含む近衛歩兵第二旅団の司令部がありました⑤。高台の端の非常に見晴らしの良い場所です。こうした景勝地は江戸時代は大名が占め、明治以降は軍が占めたのです。公園内の案内板

近衛歩兵第三連隊記念スペース④

近衛歩兵第二旅団司令部があった一ツ木公園⑤

に説明があります。

また赤坂には江戸時代から街がありましたが、明治以降の賑わいは、この駐屯地の将校や兵たちが落とすお金で成り立ちました。青山に師団司令部ができると、当時の青山には何もなかったため、赤坂の料亭などで宴会が開かれます。

戦後に軍がなくなると今度は米軍がやってきます。多くの駐屯地が米軍施設や住宅になり、アメリカ文化やピザなど新しい食文化を持ち込みます。それがのちに最先端のファッションや流行の街、赤坂に繋がります。この事情は六本木もほぼ同じです。

歩兵第一連隊駐屯地だったミッドタウン

坂を下ると地下を千代田線が通る道に出ます。右に行って赤坂小前の信号から脇道に入れば、すぐに東京ミッドタウンです。最後の道程は谷底から急坂を登ることになります。つまりミッドタウンの敷地も台地の上に広々と広がっており、案の定ここも江戸時代は山口藩毛利家の屋敷でした。

ミッドタウンの場所が以前は防衛庁だったことは多くの人が記憶しているでしょう。戦前は、長く陸軍第一師団歩兵第一連隊の駐屯地でした。同連隊は1874（明治7）年に編制され、当

檜町公園

檜町公園内にひっそりと建つ「歩一の跡」碑⑥

初からこの地に駐屯しました。召集兵としては最初に編制された連隊で、しかも東京周辺から選抜された「NO1」連隊。

隊員はそのことに大いに誇りを持っていたようですし、第2代連隊長をのちの乃木希典大将が務めるなど、重視された部隊だったようです。ミッドタウンに隣接する檜町公園も駐屯地

市ヶ谷の防衛省内に移転・保存されている歩兵第一連隊営門

敷地でしたが、その中に「歩一の跡」という碑⑥がひっそりと残ります。「歩兵第一連隊」と書かずに略称とするところに何か遠慮を感じます。建立は1963（昭和38）年です。今はこのほかにまったく軍の痕跡は残りません。毛利家の屋敷については公園内東屋に詳しい解説があり、ミッドタウン内にも石垣が残されているのですが。

実は防衛庁が市ヶ谷に移転するまでは、1929（昭和4）年に建てられた連隊本部の建物が残っていて保存の声もありましたが、耐震上問題があるとの理由で解体されてしまいました。わずかに連隊の営門（正門）が、現在の防衛省敷地内に移設保存されています。

国立新美術館には歩兵第三連隊

ミッドタウン西交差点から南西の道を進むと、すぐに国立新美術館です。ここには第一連隊と同じ第一師団の歩兵第三連隊が1889（明治22）年から駐屯していました。編制は第一連隊同様1874（明治7）年です。

この地もまた、江戸時代は宇和島藩伊達家の下屋敷でした。美術館敷地に入ると、たくさんのガラス板で構成された外観の展示棟がいやでも目に入ります。しかし展示棟玄関の向かいにも小さな建物があるのはお気づきでしょうか。展示棟に面する部分は同じようなガラスの構成です。近づくと別館⑦と書いてあります。

実はこれは1928（昭和3）年に建てられた第三連隊兵舎の一部を保存した建物なのです。裏側に回ると、表とはまったく異なったややレトロな感じの、四角い窓の連なる白壁が現れます。

兵舎は関東大震災後の復興事業で建てられ、震災の教訓から陸軍では初めて、不燃の鉄筋コンクリート造兵舎として完成しました。上から見ると「日」の字形をした建物は、地上3階地下1階で延べ床面積は2万7782平方メートル。1400人の兵が寝起きしたといいます。

当時としては画期的な快適さだったでしょう。空襲でも焼けずに残り、1958（昭和33）年

国立新美術館の本館(右)と別館⑦

歩兵第三連隊兵舎の保存部分正面

に米軍から返還されたあと、1962(昭和37)年から東大の生産技術研究所が使っていました。同研究所が2001年に駒場に移転して、2007年に新美術館が開館します。

その際に旧兵舎は取り壊されることになったのですが反対運動が起き、妥協策として建物のごく一部が切り取られ、兵舎角のゆるくカーブする部分が当時あった場所にそのまま残されました。しかしあまりに無残な残され方から、「カットケーキビル」などと揶揄《やゆ》する人もいます。1階玄関ホールは木曜と金曜の午後だけ中に入って見ることができ、また展示棟の入口ホール奥には兵舎の100分の1の模型も置いてあります。

いまだに「占領下」。横暴も通る六本木の米軍基地

戦前の駐屯地は国立新美術館だけでなく、隣の日本学術会議、政策研究大学院大学、都立青山公園などに及びますが、もう一つ大きな施設が駐屯地跡を今も利用しています。それは米軍基地の「ハーディ・バラックス」⑧です。

「え、六本木に米軍基地?」と思われる方もいるかもしれませんが、広さは2万数千平方メートルもあります。もともとは先の歩兵第一連隊の駐屯地と合わせたすべてが米軍に接収されたのですが順次返還され、ここだけが今も未返還です。中には何があるかというと事実上の米軍機関紙

右上のガラス張りの建物が国立新美術館。真ん中上から下へ突き抜けているのが六本木トンネル。灯火で囲まれているのが米軍ヘリポートで、左の「H」字の部分がかつての「不法占拠地」⑧

を発刊している「星条旗新聞社」やヘリポート、宿舎（といいつつホテル）などがあります。

このヘリポートは米大使館にも近く、アメリカは24時間365日好きな時に使えます。六本木ヒルズなどが目の前で、都心での離着陸は危険にも思います。港区議会などでは毎年米軍に返還を求めていますが、一向に返還する様子はありません。最近では、在日米軍司令部をここに移転するなどの情報もあります。となると半永久的に返還の見込みはなくなるでしょう。基地問題は東京都心にもあるのです。

もっとひどい話もあります。国立新美術館や政策研究大学院大学の南東側には、外苑東通りの六本木トンネルがあります。このトンネルは米軍基地内を通過するためにトンネルにせざるを得ず、このため都市計画から30年以上経った1993年

不法占拠地と引き換えに返還された青山公園の拡張地

に完成しました。
米軍ヘリポートはこのトンネル上にあったのですが、工事中は一時移転せざるを得ず、このためトンネル西にあった青山公園の野球場などをつぶしてヘリポートを臨時に移動し、完成させました。
ところが米軍は事前の約束を反故にし、トンネル完成後もヘリポートを元の場所に戻さず、都立青山公園の不法占拠を続けたのです。「こちらの方が安全だから」という理由です。呆れたことに2007年、都はこの問題が解決しないことに痺れを切らし、不法占拠を追認する代わりに不要となった別の敷地を交換することで決着させてしまいました。
その土地は新美術館南東の細長い土地で、実に使いづらいです。その後米軍施設の撤去などに時間がかかり（費用は日本持ち！）、返還は2011年になりました。さらに2023年になってようやく公園として整備され、青山公園の一部として開放されましたが、ヘリポート脇の細い通路でしか繋がっていない上、美術館側からは入れない不便な公園でいつもガラガラです。

戦後80年経っても日本は完全に敗戦国扱いです。

二・二六事件出撃地となった都心駐屯地

麻布台懐古碑⑨

基地に隣り合う青山公園には、1987（昭和62）年に「麻布台懐古碑」⑨という碑が、歩兵第三連隊と近衛歩兵第五連隊関係者の手によって建てられました。歩兵第三連隊は戦争末期に出征して戻ってこなかったので、この駐屯地には短期間、近衛第五連隊も駐屯していました。

さて、ここまで紹介した近衛歩兵第三連隊、歩兵第一連隊、歩兵第三連隊はいずれも戦前の重大事件に関わっています。すなわち二・二六事件参加主力部隊だったのです。ご存じのとおり、二・二六事件は1936（昭和11）年に起きたクーデター未遂事件です。斎藤實内大臣、高橋是清大蔵大臣、渡辺錠太郎陸軍教育総監らが殺害され、首相官邸や陸軍省など日本の中枢が一時占拠されました。

参加した兵は1500人近く。近衛歩兵第三連隊は50人、歩兵第一連隊は400人、歩兵第三連隊は900人が参加させられました。反乱軍の兵たちはこれまで見てきた駐屯地から出発し、要人の殺害や国家中枢の占拠に向かったのです。

青山の射撃場跡地⑩

青山にも軍用地は続いていました。まず歩兵第三連隊駐屯地の北側に隣接して、大きな射撃場⑩がありました。現在の住所でいうと南青山1丁目の一部から、外苑東通りを渡った青山葬儀所のあたりです。今はほとんど住宅街ですが、旧射撃場北西側の一直線の道がその跡を物語ります。射撃は北の方から青山葬儀所あたりに向けて撃ったようです。現在でも葬儀所の裏あたりは急斜面ですが、ここは人工的に掘り込んで的を置いていました。

こんな市街地で射撃とは危険に思いますが、明治初年には周囲は全くの空き地で、その後標的側には青山墓地ができたので、流れ弾などの危険は少なかったのかもしれません。しかし市街化が進むと、1921（大正10）年にこの射撃場は廃止になりましたが、敗戦時まで土地はそのままでした。

射撃場北側には、陸軍第一師団司令部⑪が1891（明治24）年に移ってきます。現在は青山公園北地区や都営南青山一丁目アパートなどがある場所です。

ここでは、1935（昭和10）年に永田鉄山陸軍軍務局長が陸軍省内で相沢三郎陸軍中佐に軍刀で斬殺されるという永田事件（相沢事件）の軍法会議が開かれました。この裁判を止めることが、二・二六事件の起きた一つの要因でした。事件で裁判は中断しますが、結局相沢中佐には死刑判決が下り、執行されます。

神宮外苑は練兵場だった

師団司令部から青山通りを越え、青山中学校や都営アパートのあたりには陸軍大学校がありました⑫。大学校発足は1883（明治16）年で、ここに移ってきたのは1891（明治24）年です。

陸軍大学校は陸軍のエリート、高級将校の養成学校で、参謀本部の管轄でした。陸軍士官学校を出た将校が部隊勤務を2年経験し、さらに所属連隊長の推薦がなければ受験すらできませんでした。教育期間は2年から3年で、1期に基本50人しか入れない大変な難関で、陸軍の幹部はすべてこの陸大卒業生で占められました。

その陸軍大学校の北側には、1888（明治21）年から広大な青山練兵場がありました。

青山通りを渋谷方面に向かいましょう。すぐ右手に、初冬の風物詩であるイチョウ並木の通りが見えます⑬。左側には秩父宮ラグビー場、神宮球場、国立競技場が並び「スポーツの聖地」でもあります。

陸軍大学校跡地に建つ青山中学校⑫

これらの敷地すべてが青山練兵場でした。

明治天皇はしばしばここを訪れて、観兵・閲兵を行いました。明治天皇が観兵する場所は決まって練兵場内の大きな榎《えのき》の木の西側で、その木は「御観兵榎」と名付けられました。

残念ながら榎は1995年に台風で倒れ、今はその実から生えた2代目の木⑭と、東郷平八郎元帥が揮毫《きごう》した碑が建っています。昼間はいつでも見ることができます。

日清・日露の二つの戦争でもこの練兵場は活用されましたが、日露戦争後にここを会場に1907（明治40）年、産業の振興を目的にした「日本大博覧会」開催が決まります。これは現

神宮外苑イチョウ並木⑬

二代目の御観兵榎⑭

在の万国博覧会と言っていい内容で、諸外国の了解も取り付けましたが、不況で国の財政が困窮し中止となりました。

しかし博覧会を前提に軍は練兵場の移転を進め、1909（明治42）年から代々木練兵場を使っていました。青山の広大な土地は遊休地となってしまったのです。

ところが1912（明治45）年、明治天皇が亡くなります。葬儀は明治天皇が愛した練兵場で行われました。現在の絵画館裏に葬場殿が設けられ、天皇の棺は青山軍用停車場の線路から京都に向かいました。天皇の棺が置かれた跡には外苑造成時にクスノキが植えられ、今は樹齢100年を超えた見事な巨木となっています⑮。足元に葬場殿趾との碑があります。

その後、この場所を明治天皇を記念する公園

明治天皇葬場殿趾のクスノキ⑮

にしようとの機運が出てきます。これは国民運動として盛り上がり、明治天皇を祭神とする明治神宮の創建とセットになって実現します。ですから明治神宮の内苑に対し、明治神宮「外苑」という名なのです。工事は関東大震災などもあって長期にわたり、1926（大正15）年に完成します。

絵画館（聖徳記念絵画館）⑯には明治天皇の時代の事績が、当時の有名画家による80枚の絵画で展示されています。「大政奉還」や「岩倉使節団」など教科書等でお馴染みの絵画も多く、必見です。

近年、神宮外苑を含む一帯の再開発に対し「外苑の木を切るな」との反対運動が起こりましたが、外苑の整備や植えられた樹木は、全国の青年団を中心とした国民の労働奉仕や献納で出来上がったものです。国有地であった場所に国民の汗と明治天皇への敬愛の念で作られたのが神宮外苑なのです。

ところが戦後、国立競技場を除く外苑の土地は、どういうわけか一宗教法人となった明治神宮の所有とされてしまいました。ここに間違いがあると思います。宗教施設としての明治神宮内苑が神社のものになるのは致し方ないかもしれません（それとて旧大名屋敷を召し上げて皇室の別荘としていた場所ですが）。しかし神宮外苑は国有地のまま公園となるべきでした。

明治天皇の遺徳を豊かな森と公園で偲び、スポーツも楽しめる場所だった外苑は、いつの間にかお金を払わないと楽しめない場所ばかりになってしまいました。神宮球場はもちろん、ゴルフ練習場・テニス場・野球場、子どもの遊園地もです。一宗教法人や民間企業が利益を得る場所になるのは本来おかしい場所で、一刻も早く国庫に返納してもらいたいものです。

国立競技場の場所には当初、明治神宮外苑競技場ができ、１９４３（昭和18）年には出陣学徒壮行会がここで開かれます。当時戦局の深刻化から兵力が不足し、召集免除特例があった高等教育機関の学生も20歳で徴兵されることになりました。その第一陣の入営に際し全国的に壮行会を開いたのが出陣学徒壮行会で、文部省の主催でした。

聖徳記念絵画館⑯

現在の国立競技場の場所で開かれた出陣学徒壮行会（写真提供：共同通信社）

「出陣学徒壮行の地」碑⑰

東京でも雨の降る中、見送りも含めて7万人が集まった会場で行進が行われました。当時のニュース映像などで有名な光景ですね。これを記憶するための「出陣学徒壮行の地」との碑が、いまも国立競技場内にあります⑰。建てられたのは1993年で、なんと出征50年後です。現在の新国立競技場建設で位置は若干動き、以前より目立つ「千駄ヶ谷ゲート」の正面に置かれるようになりました。

戻ってきた近衛第四、六連隊の碑

神宮外苑、神宮球場の南東側には国学院高校や青山高校、明治公園がありますが、ここは近衛歩兵第四連隊の駐屯地でした。江戸時代は山形藩水野家の下屋敷です。同連隊は1887（明治20）年に発足し、1889（明治22）年に千葉県佐倉市から移ってきます。その後同連隊が南方戦線に出征したのち、1943（昭和18）年に近衛歩兵第六連隊が編制され、この地に駐屯します。

2021年の東京五輪後に整備された新しい明治公園に両連隊の碑があります⑱。以前の明治公園にあった碑が再整備されたものです。これも以前は公園の隅の目立たない場所にありましたが、今は車道に近い明るい場所に移り、よかったです。また青山高校脇の住宅地には「陸軍用地」との境界石も残されていますが、電柱の陰でとてもわかりにくいです⑲。

再び国立競技場方面に戻り、絵画館裏から信濃町駅に出ます。駅前の慶應義塾大学病院敷地も陸軍輜重《しちょう》兵営でした。ここには江戸時代、大和新庄藩永井信濃守家などの屋敷がありました。現

「近衛歩兵第四連隊跡」碑⑱

「近衛歩兵第六連隊跡」碑⑱

在の信濃町の町名、駅名はこの永井家の官名にちなみます。明治のころは青山練兵場からの土ぼこりがひどかったので、「しなの町じゃなくて砂の町だ」などという冗談が行き交ったそうです。

しかし青山駐屯地もなくなり、陸軍は1917（大正6）年にここの売却を決め、慶應大学が購入して医学部と病院を設置します。開院は1920（大正9）年です。病院敷地角には、今も「陸軍省所轄地」と書かれた境界石が残ります⑳。以前は駐屯地を取り囲んでいた土塁の一部と門柱も残っていたのですが、最近整地されてしまいました。輜重兵営は目黒の駒場に移りました。

この際、今からは想像もつきませんが、慶應病院、医学部開設の大反対運動が地元に起こります。当時の地元四谷区は軍用地が多く税収が少なかったので、跡地を大繁華街にして税収を増やそうと目論んだのですが、慶應に買い負けたため反対運動を展開しました。その結果慶應側は解決金と、買い取った土地の1割を区に寄贈しました。寄贈地にできたのが今の四谷第六小です。

また、この青山練兵場が現代東京の交通網にも影響を与えています。練兵場ができたこ

都立青山高校裏にある「陸軍用地」と書かれた石柱（左下の直方体の石）⑲

慶應病院敷地境に残る「陸軍省所轄地」と書かれた石柱⑳

地理院タイル（1936年～1942年頃）

戦前の青山・六本木地区の空撮写真。下右の「日」の字に見える巨大な建物が歩兵第三連隊兵舎。周辺に射撃場跡や第一連隊駐屯地も見える。白塗りは赤坂御所。その左は青山練兵場だった神宮外苑ろ、今の中央線にあたる鉄道が1889（明治22）年に新宿まで開業し、さらに都心への延伸をうかがっていました。新宿から都心へは江戸時代からの甲州街道があり、建設を進めていた民間事業者たちは街道沿いに作ることを考えていました。

ところが軍から横やりが入ります。鉄道は青山練兵場と、三崎町練兵場（現在の水道橋駅南側）を結んで作るように、というのです。地図を見ればわかりますが、都心への最短距離にはほど遠い迂回路線です。

しかし許認可権を持つ政府の意向には逆らえず、その通りに申請し建設を進めます。新宿駅の構造問題や、江戸城外堀を線路敷に使うメリットなどもありましたが、このような事情で中央線は新宿からぐるっとS字を描いて東京駅につながっているのです。

一方で軍には切実な事情がありました。1894（明治27）年7月に日清戦争が始まります。これに備え、兵や物資を西へ西へと運ばなければならないのですが、そのためには軍の拠点だった青山練兵場近くにぜひとも鉄道を敷きたかったのです。そして9月、開戦には間に合いませんでしたが、今の絵画館裏に青山軍用停車場が完成し、続々と部隊などを西へ送り始めました。

しかし建設には問題がありました。軍の要望にこたえて青山練兵場を経由して路線を作ると、そこから四谷、飯田橋方面に進むにはどうしても赤坂御所を通過しないと無理なのです。軍が蒔《ま》いた種ですから軍が責任を取りました。当時の川上操六征清総督府参謀長が皇室と談判し、御所

総武線の御所トンネル。レンガが用いられ単線㉑

の下をかすめてトンネルを通すことを了解させたのです。このトンネルが、今も東京メトロ丸ノ内線の四ツ谷駅ホームからよく見える御所トンネルです㉑。外のレンガは当時のままです。

最寄りの四ツ谷駅から帰りましょう。

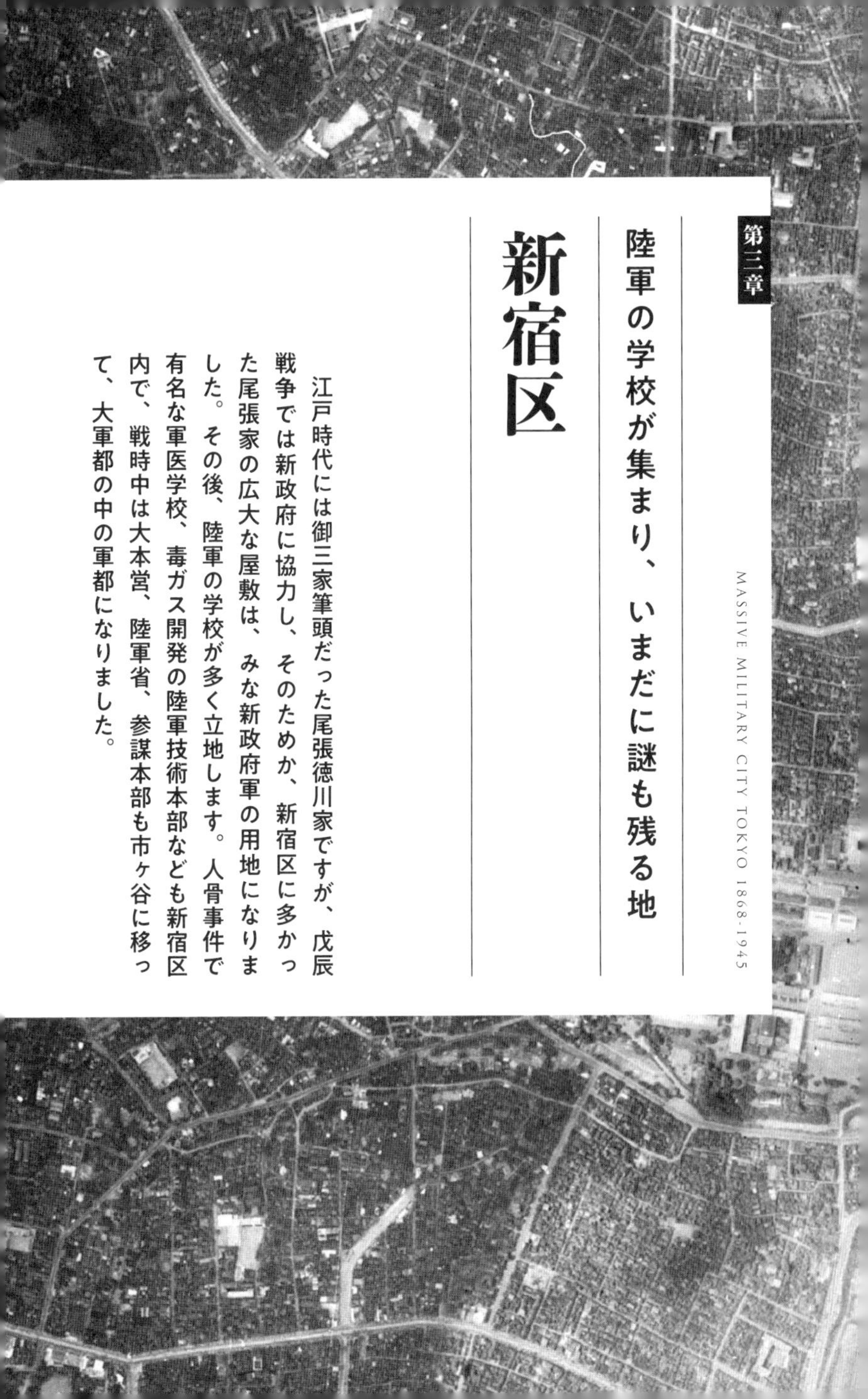

第三章

陸軍の学校が集まり、いまだに謎も残る地

新宿区

江戸時代には御三家筆頭だった尾張徳川家ですが、戊辰戦争では新政府に協力し、そのためか、新宿区に多かった尾張家の広大な屋敷は、みな新政府軍の用地になりました。その後、陸軍の学校が多く立地します。人骨事件で有名な軍医学校、毒ガス開発の陸軍技術本部なども新宿区内で、戦時中は大本営、陸軍省、参謀本部も市ヶ谷に移って、大軍都の中の軍都になりました。

市ヶ谷

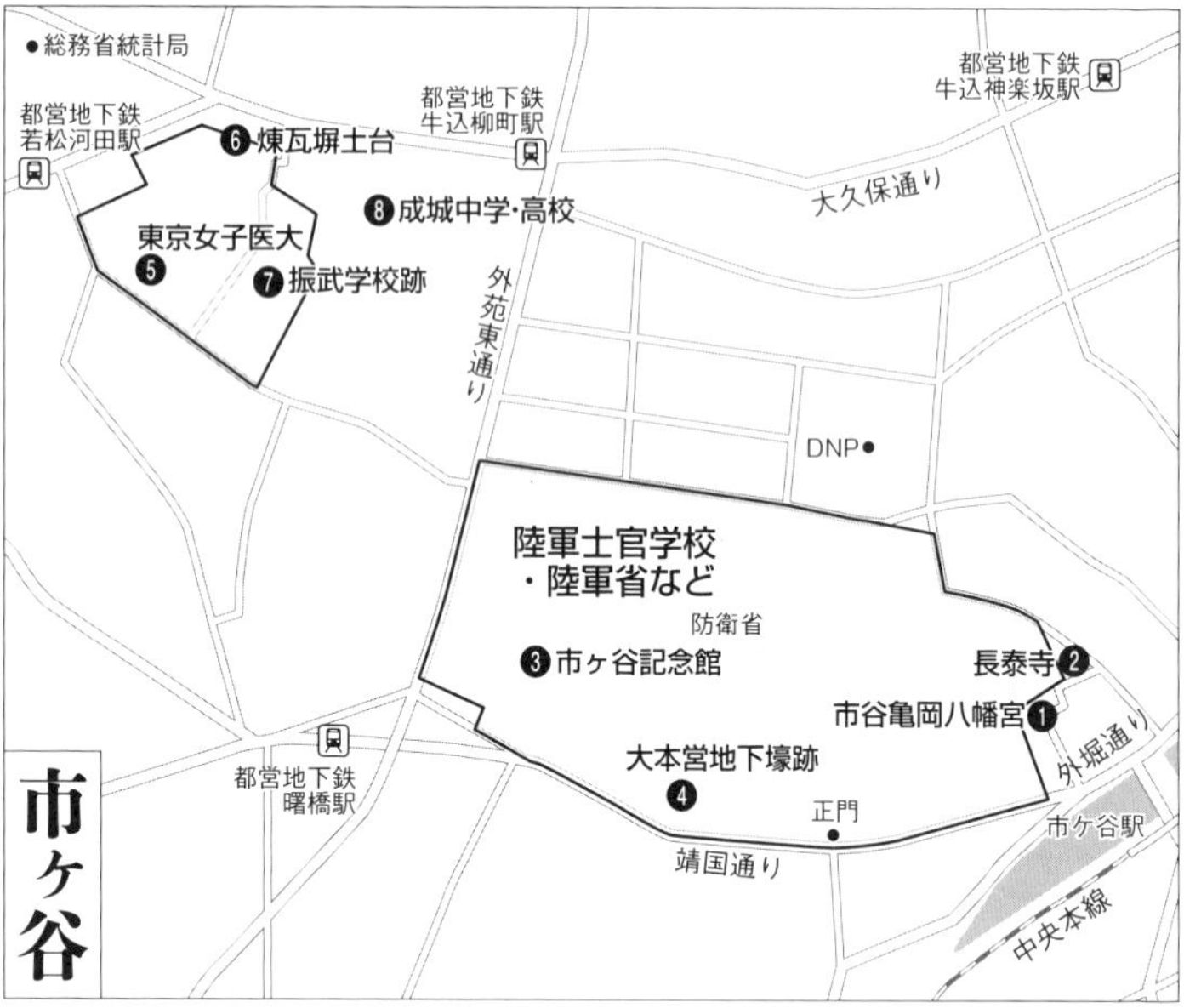

JR・東京メトロ・都営線の通る市ヶ谷駅から歩き始めましょう。

まず外堀通りから少し奥に入ったところに市谷亀岡八幡宮①があります。見上げるような急階段に驚きます。太田道灌が江戸城を構築する際に建てた社が、徳川氏の江戸城建設でここに移されました。創建から約550年、移転から400年という古社です。

急階段を登って本殿を見、右奥に続く通路を辿っていくと裏参道が続いていますが、この道の向こう側は防衛省敷地です。その境に「陸軍用地」「陸軍所轄地」との石柱が3本建っています。

裏参道を出た左脇の長泰寺には「祭馬碑」という碑が建っています②。これは1922（大正11）年、陸軍士官学校馬術教官部の教官と馬

市谷亀岡八幡宮裏参道に残る陸軍境界石

市谷亀岡八幡宮の石段①

長泰寺に残る軍関係の石碑②

丁が、飼っていた軍馬の供養のために建てました。碑の下にはたてがみを埋めたといいます。「馬術教官部軍属之碑」というものもあり、これも1920年頃のものです。

こうした碑などがあるのも、隣の防衛省に戦前も軍の中枢機関が置かれていたからです。

維新以来、軍用地が続く市ヶ谷防衛省

防衛省やホテルグランドヒル市ヶ谷、中央大学市ヶ谷キャンパス、警視庁第4方面本部、防衛省北側の道路に面したマンションやさまざまな政府関係施設は、江戸時代はすべて尾張徳川家の上屋敷の一部でした。

屋敷は江戸城外堀に面した標高約30メートルの丘にあります。これは外堀のすぐ外側としては最高地で、しかも江戸城本丸より高くなっています。つまり江戸城防衛上たいへん重要な場所で、ここを御三家筆頭に与えたのは当然でしょう。

戊辰戦争で尾張家は新政府側につきました。江戸城攻撃では、上屋敷には板垣退助率いる土佐を中心とした兵が乗り込んで、西郷隆盛と勝海舟の交渉がうまくいかなければ、ここを拠点に総攻撃をかける構えだったと言います。

維新後は兵部省用地となり、1874（明治7）年に陸軍士官学校が作られます。当初の敷地

防衛省

は旧尾張藩邸の東半分ほどで、残りは東京鎮台の砲兵営でした。１８９８（明治31）年、士官学校の予備学校である陸軍中央幼年学校が、砲兵営から変わった野戦砲兵第一連隊の跡地に移ってきます。中央幼年学校はのちに陸軍中央幼年学校本科から１９２０（大正９）年に陸軍士官学校予科と名称が変わり、最終的には陸軍予科士官学校となりました。

二つの学校は長年この地にありましたが、士官学校は１９３７（昭和12）年に神奈川県の座間に移り、予科士官学校も１９４１（昭和16）年に埼玉県の朝霞に移ります。戦前は移転まで、「市ヶ谷台」と言えば士官学校のことを指しました。

学校が移転した跡には、三宅坂から陸軍省、参謀本部、大本営が移って敗戦まで置かれまし

現在の防衛省内で開かれた東京裁判の法廷風景（昭和館蔵）

東條英機（出典：国立国会図書館「近代日本人の肖像」）。東京裁判では東條を含む28名が戦争犯罪人として裁かれた

た。なんと戦時中に戦争指導の拠点を移転しているのです。敗戦後は連合軍に接収され、極東国際軍事裁判、いわゆる東京裁判法廷が置かれました。１９６０（昭和35）年に返還されてから自衛隊が利用し、今は防衛省となっていますが、一部が政府関係施設などになり、面積はかなり狭くなっています。

「市ヶ谷台ツアー」の目玉は大本営地下壕

防衛省内には旧軍関係の遺跡などがかなり残っています。そして「市ヶ谷台ツアー」と銘打った見学ツアーがあり、誰でも申し込むことができます。ツアーの目玉は二つ。まず東京裁判の法廷となった市ヶ谷記念館③です。

これは旧士官学校本部棟を縮小改築して保存したものです。士官学校移転後は陸軍省本館になり、東京裁判に使われた大講堂、天皇陛下の控え室、陸軍大臣室などの部屋が保存公開されています。この建物では１９７０（昭和45）年に作家の三島由紀夫らが占拠して割腹自殺する事件も起きており、その際の刀傷なども見ることができます。

解体縮小されて低くなってしまった旧陸軍省・大本営の市ヶ谷記念館③

大講堂は東京裁判以前の内装に復元され、玉座や年代を感じさせる黒光りする床に歴史を感じます。また講堂内には東京裁判や旧軍の資料が数多く展示されています。個人的に感銘を受けたのは、硫黄島で戦死した司令官、栗林忠道中将の手紙類です。

在米武官として見聞きしたアメリカの様子を、子息に絵入りでユーモラスに伝えた手紙などは、栗林の人柄を偲ばせるとともに、アメリカをよく知る軍人としてアメリカと戦う葛藤が想像されます。また玉砕前最後の辞世の句の電文、「散るぞ悲しき」が「散るぞ口惜し」に改竄《かいざん》された電報用紙も展示されています。

敗戦時の建物は関東大震災で焼けた士官学校校舎を再建した際の3階建てで、高い塔屋から両翼が広がる威厳のある建物でしたが、防衛省建設時に取り壊されそうになりました。

これには多くの反対の声が起き、その結果縮小保存となったのですが、実質的に内部の部屋のみの部分保存であり、外観が2階建てとなるなど威厳は失せて小ぢんまりした建物になってしまいました。「これが旧軍の建物かあ」と思われると困ります。

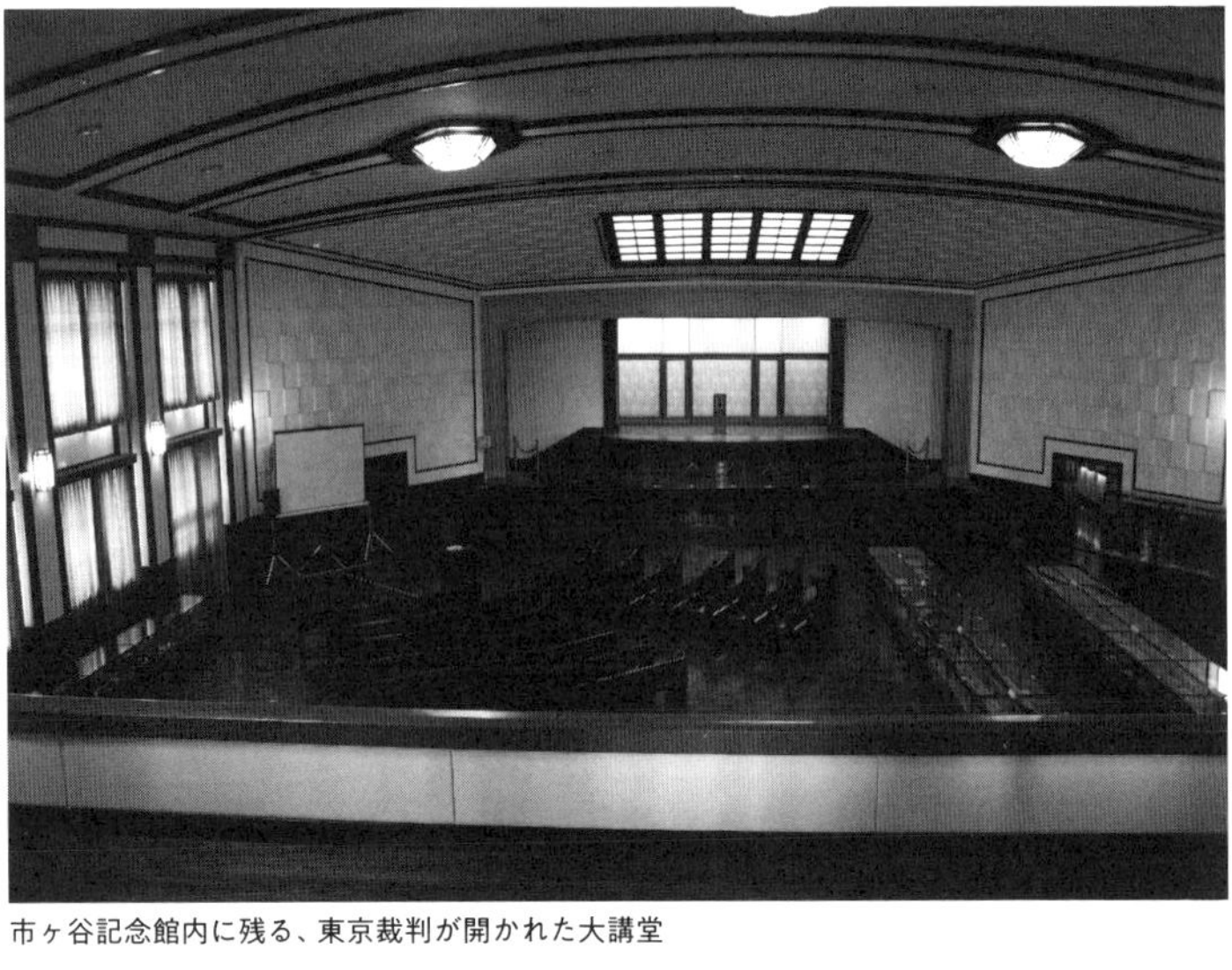

市ヶ谷記念館内に残る、東京裁判が開かれた大講堂

「市ヶ谷台ツアー」第2の目玉は最近見学できるようになった「大本営地下壕跡」④です。これは陸軍省などの移転と併せて工事が進められた地下司令部で、長く公開されずにいましたが、補強工事などを経て2020年から公開が始まりました。

大本営地下壕跡の入口。左側の鉄扉から入る④

地下壕内の空間④

灯籠の形に偽装された地下壕の換気口

メモリアルゾーンにある旧軍演習用の模擬トーチカ

地下15メートルにおよそ50メートル四方の南北3本、東西2本の高さ4メートルもの通路を作り、そこを区切って陸軍大臣室、通信室、炊事室などさまざまな部屋を設けていました。陸軍省敷地は台地の端にあり、主な出入口は台地南の崖にトンネルを掘っていました。

中は夏でもひんやりし、ヘルメットを着けて歩きます。終戦時、阿南惟幾《あなみこれちか》陸軍大臣はここの一室に幹部を集め、昭和天皇による降伏の決断を伝えたそうです。入口の扉は500キロ爆弾にも耐える堅牢なものでした。また換気口が地上まで続いていましたが、その地上部は石灯籠《いしどうろう》に偽装してあります。

ツアーはこの2か所と広報展示室、売店などを回ります。以前はメモリアルゾーンという旧軍関係の記念物などもある場所も回っていましたが今はコースに入っていません。「陸軍士官学校趾」「東京陸軍幼年学校之跡」、野戦砲兵第一連隊を記念した「砲一碑」などがあります。また訓練用の模擬トーチカなどもそのままなので、こちらが見学できなくなったのは残念です。

尾張家屋敷跡はみな軍用地に

さて、防衛省から西へ行くと、東京女子医大があります。ここも江戸時代には尾張家の屋敷でした。ここには明治以降陸軍経理学校と振武学校が置かれます。

経理学校があったのは今の女子医大病院の病棟などがある北側で、1900（明治33）年に千代田区の富士見から移り、1942（昭和17）年に小平市に移転するまでありました。病院前の植え込みにOBたちが建てた記念碑⑤があります。

この学校は経理部将校を養成する学校でした。少し前まで、敷地境界のレンガ塀がありましたが、マンション改築に伴い壊されて今は土台⑥しかありません。

振武学校⑦とは、中国の当時の清王朝から陸軍士官学校や陸軍戸山学校に入学しようとする留学生の予備学校で、1903（明治36）年に設立されました。毎年数十名から200名ほどの卒業生を出し、当時の中国軍幹部の9割はこの出身といわれ、のちの中華民国総統蒋介石も卒業生でした。1914（大正3）年には閉校となりますが、現在の東京韓国学校や女子医大の研究施設のあたりが敷地でした。

東京女子医大前の経理学校跡地碑⑤

また東北に隣接する成城中学、成城高校⑧は私立ではありましたが、やはり陸軍士官学校・陸軍幼年学校への予備校で軍と密接な関係があり、川上操六陸軍大将や児玉源太郎陸軍大将が校長を務めました。寺内寿一元帥、宇垣一成陸軍大臣や、日露戦争で戦死した乃木将軍の長男、次男が卒業生にいます。ちなみに現在この学校は成城学園とは関係ありません。

総務省統計局（奥の建物）の東北角。
下の石柱が陸軍境界石⑨

陸軍経理学校敷地跡に残るレンガ壁基礎⑥

成城中学、成城高校⑧

東京女子医大から若松河田駅まで抜けると、そばに余丁町小学校や警視庁第八機動隊、さらに奥に総務省統計局があります。ここには1889（明治22）年に開校した陸軍砲工学校がありました。当初は砲兵、工兵の士官にさらに高度な技術を習得させる学校でしたが、のちに他の兵科にも開放されます。1941（昭和16）年に陸軍科学学校に名称変更し、1944（昭和19）年には閉鎖されました。統計局脇の道を北へ抜けると、統計局側の敷地沿いがやや高いのがわかります。かつては敷地に沿って土塁が連なっていました。

　大久保通りに面した統計局の敷地東北角⑨と、西側の敷地境道路脇に陸軍境界石が残っています。

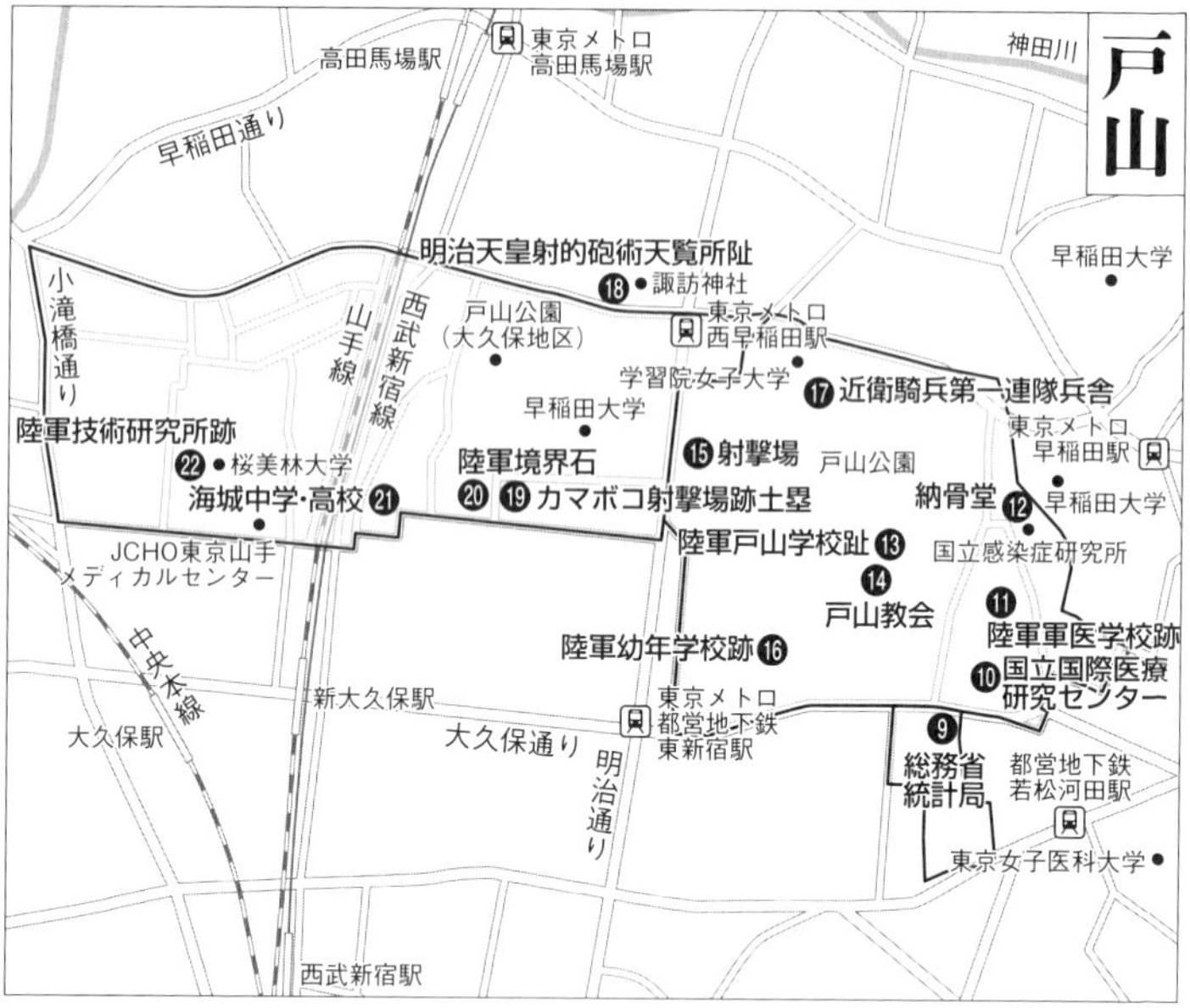

謎の人骨が出土した戸山地区

統計局正面から大久保通りをはさんで向かいには、国立国際医療研究センター病院があります⑩。このあたりから戸山公園箱根山地区、戸山ハイツ一帯が尾張家の広大な下屋敷、戸山荘でした。

国立国際医療研究センターは陸軍病院がその母体です。かつて千代田区隼町にあった陸軍本病院は1929（昭和4）年にこの地に移転して、東京第一陸軍病院となります。敗戦後は国立東京第一病院となり厚生省に移管されますが、建物も院長も軍時代を引き継いで発足しています。

今は軍時代を偲ぶものはほとんどありません

が、1階の資料室には、病院と密接な関係にあった陸軍軍医学校校長だった森鷗外（森林太郎）の執務机が保存展示されています。鷗外は陸軍軍医総監という軍医のトップも務めました。ただ鷗外が校長だった時代は、まだ戸山に軍医学校はなく、千代田区富士見にありました。

軍医学校の戸山への移転も1929（昭和4）年です。離れていた両施設を隣り合わせることで、効率化を狙ったのでしょう。敷地は陸軍病院と道路を挟んだ東北側、現在の国立感染症研究所あたり⑪です。そして現在の研究所を建設しようとした1989年、地下から100体分以上もの人骨が発見され大騒ぎになります。

国立国際医療研究センター病院⑩

これらの人骨は複数のモンゴロイド系の人種がほとんどで、銃痕や切った跡、加工跡が見られ、1890年頃（明治後半）から1940年頃（昭和戦前）までの比較的新しい時代のものだとわかりました。一部からは細菌戦研究や生体実験で知られる731部隊などの被害者の遺骨ではないか、などという声も上がりました。
警察の捜査では、事件性はないと判断され焼却処分されそうになりましたが、住民訴訟などの運動の結果、完成した研究所の一角に納骨堂⑫を作り、遺骨はそこに保管されることになりました。骨の正体は不明のまま暗闇に眠り続けています。

センター内資料展示室にある森鷗外使用の机

森鷗外（出典：国立国会図書館「近代日本人の肖像」）

納骨堂は研究所にその場で申し込めば1人でも見学することができます。守衛の方が親切に案内してくれます。黒いピラミッド状の納骨堂正面には「静和」と書かれています。「平和」でなく「静和」。どなたが考えた言葉でしょうか、なかなか味わい深いものがあります。

今は周りに桜の木が茂り、春は大変きれいだそうです。骨自体や内部は見ることができません。また、納骨堂に至る途中には、軍医学校ができて間もなく、昭和天皇が視察に来た記念碑が建っています。

感染症研究所前の道を北に行って左折すると戸山公園に出ます。

ここには、1874（明治7）年から陸軍戸山学校がありました。射撃、銃剣術、体操などを、主に士官や下士官に教授し、1891（明治24）年には軍楽学校も移転してきます。1912（明治45）年に陸軍歩兵学校が千葉県にできたため、その後戸山学校では体育と軍楽を担当しましたが、1939（昭和14）年から再び射撃術の教育研究を行うようになります。

国立感染症研究所敷地内にある納骨堂⑫

教会と幼稚園に変わった将校集会所

公園の中央には尾張家時代の庭園の築山だった箱根山がそびえますが、そのふもとに「箱根山　陸軍戸山学校趾」の碑があります⑬。「箱根山」が大きく、「陸軍戸山学校趾」は遠慮がちにわきに添えられています。

碑の下の窪地には六角形のコンクリート広場があります。ここには軍楽学校の野外音楽堂がありました。広場は戦後に整備されたものですが、真ん中のプレートには、ラッパを吹く天使のような絵が彫られています。音符も躍り、明らかに軍楽隊を意識したデザインですね。メルヘンチックですが、ここで奏でられていたのは軍楽でした。

　碑から箱根山を挟んで反対側には戸山幼稚園と戸山教会⑭があります。これは敗戦後間もな

「箱根山　陸軍戸山学校趾」の碑⑬

戸山学校内の野外音楽堂跡

く、空襲で焼けた都内の教会の再建場所としてＧＨＱの斡旋《あっせん》で建てられたものです。建物の地下部分は戸山学校時代の将校集会施設でした。石造りの重厚さが時代を感じさせます。

戸山学校は射撃を教えた学校なので射撃場⑮がありました。その痕跡が箱根山北西の一角にあります。東西に細長い、一戸建てばかりが集まる街区があるのですが、北側の東西の道はえんえんと一直線で北側は崖、西の端は高いコンクリートの壁になっています。

これが射撃場の跡で、西に向かって射撃をしました。壁には野球のボールをぶつけた跡がたくさん残りますが、往時はこれが弾痕だったわけです。

音楽堂床面のラッパの天使

その南側、明治通りから一つ通りを東に入った高台には、１９２１（大正10）年から東京陸軍幼年学校⑯がありました。今は生協店舗や戸山ハイツの建物があります。この学校は市ヶ谷にあった陸軍予科士官学校に進むための3年教育の学校で、今の中学生の年代です。軍事教育よりも、軍人精神と将来の人脈づくりが主眼で、陸軍中枢の多くをこの幼年学校出身者が占めました。１９４４（昭和19）年に八王子に移転します。

射撃場から北側、現在の学習院女子大のあたりは明治には練兵場でしたが、１９１４（大正３）年に近衛騎兵第一連隊の駐屯地ができま

戸山学校時代の将校集会施設だった戸山教会地下部分⑭

戸山学校内にあった射撃場部分跡地の道路⑮

す。以後、終戦まで兵舎を構えていましたが、戦後は女子学習院が移転し、今は学習院女子大ですが、まもなく学習院大と統合されます。

女子大となった近衛騎兵連隊

ここには移転時に建てられたレンガ造り兵舎

旧近衛騎兵連隊兵舎を利用している学習院女子大学校舎⑰

が2棟も残っています。空襲でも奇跡的に破壊されませんでした。大きな兵舎⑰と小さな炊事棟とがありますが、この建物があるせいか、他の校舎も赤いレンガ風を基調としたデザインで、調和が取れた美しいキャンパスになっています。

兵舎の前には「近衛騎兵連隊之跡」の碑があります。100年以上経った建物ですが、何の文化財指定もされていないのが不思議です。文化祭やオープンキャンパスの際、見ることができます。

学習院女子大北側の諏訪通りを西に進み、明治通りを越えると右手に諏訪神社という神社があります。この境内には「明治天皇射的砲術天覧所阯」の碑があります⑱。この南側に射的場（射撃場）ができた際、明治天皇が神社内の小

「近衛騎兵連隊之跡」の碑⑰

諏訪神社にある「明治天皇射的砲術天覧所阯」の碑⑱

高い場所からその様子を観閲した記念だそうで、戦前は史跡指定されていました。

その射撃場は、神社南側にある今の戸山公園大久保地区や早稲田大学理工学部の敷地にありました。開設は1882（明治15）年ですが、当初は原野だった戸山ヶ原もその後宅地化が進み、大正時代になると騒音や流れ弾の被害が問題になってきます。昭和までは山手線の上を越えて東から西へ射撃演習もしていたというのですから、それは危険だったでしょう。

1925（大正14）年には周囲の地域が団結して射撃場廃止運動を起こし、さすがに軍も対策を立てねばならなくなりました。そこで1928（昭和3）年、コンクリート屋根で覆われた長さ300メートルにもおよぶ射撃場を完成させます。カマボコ状の異様な姿が写真に残っています。

この射撃場の周りは高い土塁で囲まれており、今も戸山公園大久保地区の南端と、財務省の西大久保住宅の南側に一部が残っています⑲。公園の南端はかなり盛り上がった坂で、土塁の高さを実感できます。西大久保住宅南の土塁は、近隣住民の声で削られずに残りました。さらに戸山公園南側の道路際には、陸軍境界石⑳があります。

戸山公園南側の道を西へ進むと、海城中学、高校㉑があります。霞が関の海軍省裏にあったものが軍用地の一部を借りて1927（昭和2）年に移転してきました。海軍兵学校の予備学校として始まった陸軍の成城学校と同じような存在で、敗戦後は一時閉校命令が出て存続が危ぶまれましたが、新制中学、高校となって今に至っています。

山手線の西側は、北は諏訪通り、西は小滝橋通り、南は東京山手メディカルセンター㉒（旧社会保険中央総合病院）前の通りに囲まれた広大な地域が軍用地でした。当初は戸山ヶ原射撃場からの着弾地としての役割しかなかったようですが、1919（大正8）年に、敷地南側に陸軍科学研究所ができます。その後1941（昭和16）年には組織改編で陸軍技術研究所の一部となり、この場所には化学兵器（毒ガス）を扱う第6陸軍技術研究所と第7陸軍技術研究所が置かれます。敗戦前後の米軍の航空写真を見ると、敷地の南側半分強にびっしりと建物が建っていま

戦前の絵葉書に写された戸山ヶ原のコンクリート造室内射撃場（都立中央図書館蔵）

現在も一部が残る戸山ヶ原射撃場の南側の土塁⑲

敗戦前後の戸山ヶ原周辺空撮写真。真ん中がカマボコ屋根の射撃場。右が近衛騎兵連隊や戸山学校。左は謎の多い陸軍技術研究所施設群

戸山ヶ原射撃場南側の陸軍境界石⑳

す。大規模な研究施設だったようですが、施設の詳細は内容が内容だけによくわかりません。今は東京都健康安全研究センターや新宿消防署、多くの住宅、公園やマンションになっています。

ＪＲの山手線新大久保駅もしくは総武線大久保駅が最寄りです。

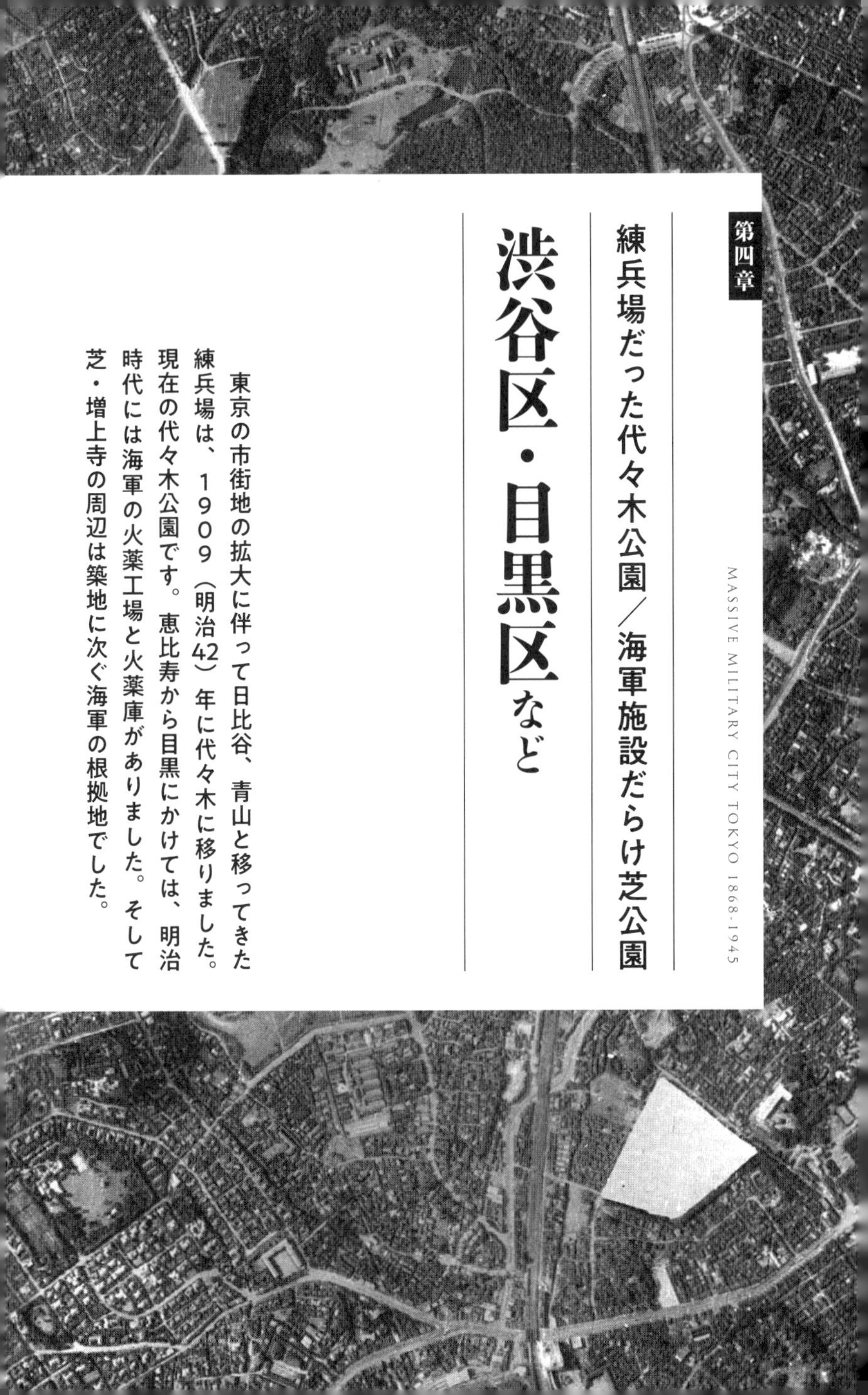

第四章

渋谷区・目黒区など

練兵場だった代々木公園／海軍施設だらけ芝公園

東京の市街地の拡大に伴って日比谷、青山と移ってきた練兵場は、１９０９（明治42）年に代々木に移りました。現在の代々木公園です。恵比寿から目黒にかけては、明治時代には海軍の火薬工場と火薬庫がありました。そして芝・増上寺の周辺は築地に次ぐ海軍の根拠地でした。

原宿・代々木・渋谷

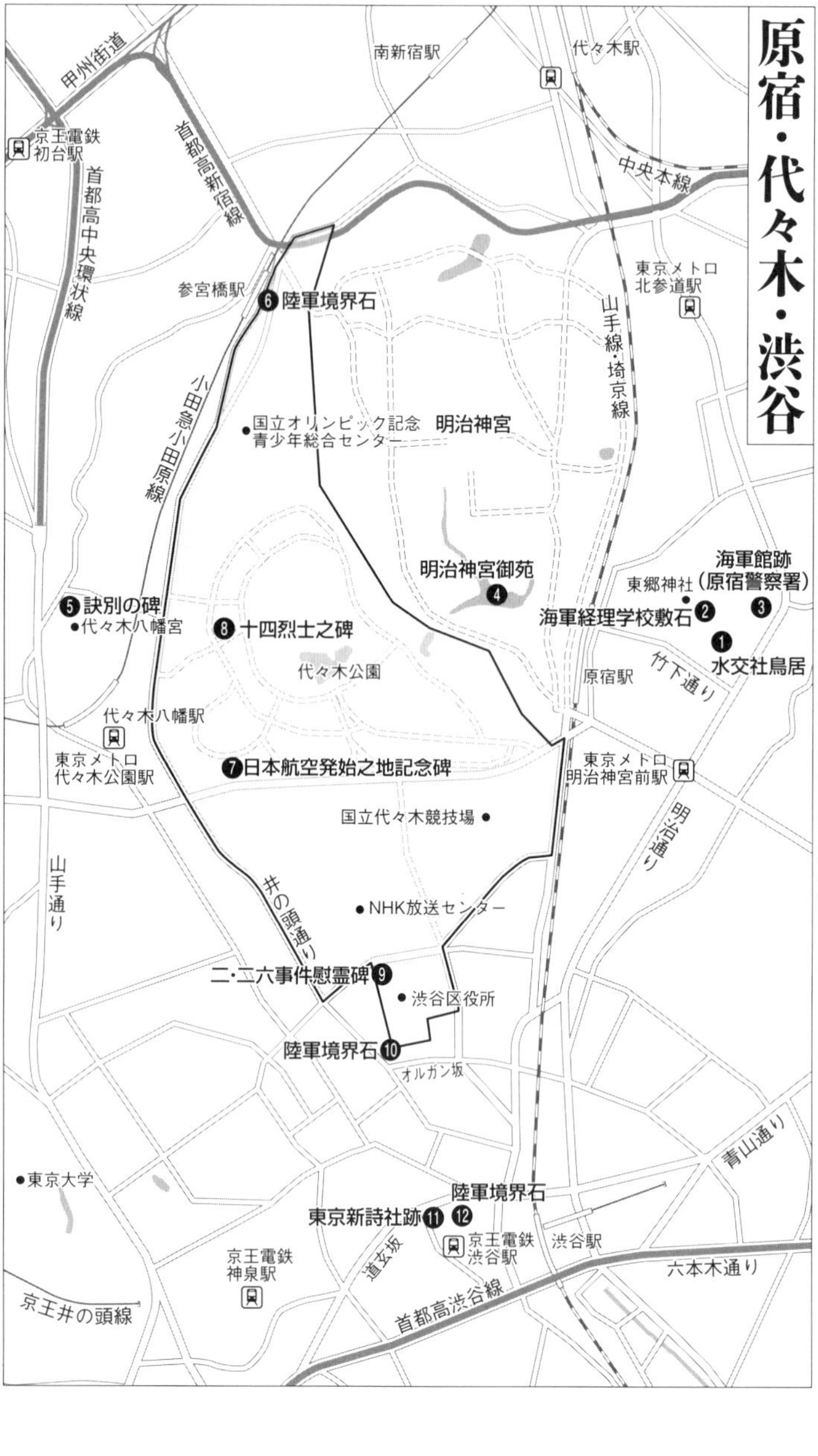

甲州街道
南新宿駅
代々木駅
京王電鉄
初台駅
首都高新宿線
首都高中央環状線
中央本線
東京メトロ
北参道駅
参宮橋駅
❻陸軍境界石
山手線・埼京線
小田急小田原線
国立オリンピック記念
青少年総合センター
明治神宮
海軍館跡
（原宿警察署）
明治神宮御苑
❹
東郷神社
❸
❺訣別の碑
海軍経理学校敷石❷
代々木八幡宮
❽十四烈士之碑
❶
水交社鳥居
代々木公園
原宿駅
竹下通り
代々木八幡駅
東京メトロ
代々木公園駅
❼日本航空発始之地記念碑
東京メトロ
明治神宮前駅
国立代々木競技場
明治通り
山手通り
井の頭通り
NHK放送センター
二・二六事件慰霊碑❾
渋谷区役所
陸軍境界石❿
オルガン坂
青山通り
東京大学
陸軍境界石
東京新詩社跡⓫ ⓬
道玄坂
京王電鉄
渋谷駅
渋谷駅
京王電鉄
神泉駅
六本木通り
京王井の頭線
首都高渋谷線

築地・飯倉の水交社にあった鳥居①

東郷平八郎（出典：国立国会図書館「近代日本人の肖像」）

相変わらずの10代の女の子に加え、最近は外国人観光客でも賑わう原宿の竹下通りですが、駅から明治通りまで抜けて左に行ってください。少し歩くと東郷神社が左手にあります。言わずと知れた日本海大海戦の英雄、東郷平八郎元帥を祀る神社です。

海軍を守護する軍神となった元帥の神社に

は、海軍ゆかりのものが多数所在し、とてもすべては紹介しきれません。旧軍施設から移設されたもののみ紹介します。

境内に入って神池を渡ると、途中に鳥居①がありますが、これは第一章で紹介した、築地の水交社のもので、1911（明治44）年に建てられました。「明治四十四年」「水交社」との銘が残ります。その後水交社の移転に伴って、後述する東京タワー近くに移され、戦後も鳥居はその地にありましたが、1981（昭和56）年に東郷神社に移されました。

若者の街・原宿にも旧軍の痕跡

さらに本殿の方に進んで手前にある手水舎の脇に、敷石が並んでいます②。これも築地にあった旧海軍経理学校の正門敷石を移したものです。

神社のすぐ北、現在の原宿警察署の敷地も海軍ゆかりの地です。関東大震災後の1937（昭和12）年、築地から移転してきた海軍館③ができました。海軍関係の資料などを展示し、海軍将校らの親睦施設でもありました。大理石造りの堂々たる建物で、米軍接収後、長く日本社会事業大学校舎として使われました。しかし大学の移転に伴い1992年に解体されます。壊すには惜しい建物だったのですが。

若者の街とは反対側の西側、明治神宮方面に向かいましょう。第二章でも述べた通り、明治神宮は明治天皇の死後、天皇を祀るために創建された神社で、元は天皇と昭憲皇太后お気に入りの別荘でした。庭園は今も清正井などが残る御苑④として有料公開されていま

築地の海軍経理学校正門前にあった敷石②

原宿にあった海軍館（都立中央図書館蔵）

明治神宮御苑の庭園④

代々木八幡宮に残る訣別の碑。中程に碑文が刻まれている⑤

す。江戸時代には加藤清正の屋敷から、井伊家の屋敷になりました。

その西隣に代々木練兵場はつくられます。その範囲は代々木公園だけでなく、NHK、代々木体育館、オリンピック記念青少年総合センターなどに及びます。原宿駅に続く表参道の通りは東京でももっとも華やかな通りの一つですが、戦前は赤坂や六本木の駐屯地から、兵隊が軍歌を怒鳴りながら練兵場に向かう通りでした。

練兵場以前は農村で、多くの農家がありました。練兵場建設で移転を余儀なくされたわけで、もちろん補償はされますが、軍や国の意向に逆らうことはできませんでした。代々木公園から小田急線を挟んで西側の丘の上にある代々木八幡宮本殿前の灯籠⑤は「訣別の碑」と呼ばれ、当時の農家たちの無念が刻まれています。

一対の灯籠の竿に「常ニ一家ノ如クナル温情深キ住民ハ区々《まちまち》ニ移転スルノ際各々其ノ別ルルヲ惜ミ」と刻まれています。普通、灯籠の竿に文字を刻んだりはしませんが、軍のやることに恨み言を言うような碑は建てられなかったのでしょう。灯籠の寄進なら文句はつけられない、という配慮だと思われます。練兵場開設と同じ1909（明治42）年奉納です。

小田急線参宮橋駅脇の陸軍境界石。「陸軍省所轄地」と１行書きタイプ⑥

また小田急線線路の一部は軍用地を抜けて通され、参宮橋駅前には陸軍境界石があります⑥。

「日本航空発始之地」の碑⑦

農民を追い出し、飛行機が飛んだ代々木公園

代々木練兵場は平らな台地の上に造られました。練兵場になったことで木々はすっかり切られ、一面の原野です。そんな場所で好都合なのが飛行機の離発着。ここで1910（明治43）年、陸軍の徳川好敏大尉が、日本で初めての航空機による飛行に成功しました。

代々木公園の南西端に巨大な「日本航空発始之地」の記念碑⑦が建っています。この記念碑の建立者はなんと朝日新聞社で、1940（昭和15）年に建てられました。戦前の朝日新聞社は情報伝達という意味もあり飛行機の活用普及に大変熱心でした。

この初飛行にはいろいろ裏話があり、軍は華族の徳川大尉の手柄にしてメディアに売り込みたかったようですが、実は同時に試験飛行を行った日野熊蔵大尉の方が先に飛んだ、という見方もあります。日野は変わり者で軍中枢の言うことを聞かず、煙たがられていました。

戦前も中国との戦争が始まるまでは牧歌的なもので、練兵場とはいっても出入りは可能で、演習のない日は子供たちの遊び場だったそうです。またここも土ぼこりがひどかったので、1927（昭和2）年には移転を求める住民決起集会が開かれています。そんなものを開いてもまだ咎《とが》められなかったのですね。

代々木公園の一角にある「十四烈士之碑」⑧

やがて終戦。納得できない右翼団体の14人が、8月25日に練兵場内で割腹自殺します。代々木公園の木々に埋もれた一角に場所を示す「十四烈士之碑」⑧が建ちます。「血染めの砂が碑の下に収められてゐる」とあり、背筋が寒くなります。

練兵場は戦後は米軍に接収され、住宅が中心のワシントンハイツとなりますが、1964（昭和39）年の東京五輪の選手村とするために返還されます。烈士の碑は米軍時代から特別の許可を得て建碑しています。

二・二六事件関係者慰霊碑⑨

公園から渋谷駅方向に向かいます。途中、今の渋谷公会堂、渋谷区役所、神南小学校などのあたりに、練兵場と同時に陸軍衛戍《えいじゅ》監獄が作られました。のちに陸軍衛戍刑務所となりますが、二・二六事件反乱将校らの処刑はここで行われました。1936（昭和11）年のことです。処刑は銃殺で、処刑時刻に練兵場で同時に射撃を行い、処刑が知られないようにしたと言います。そして一角にあたる渋谷税務署角に、関係者の慰霊碑があります⑨。建立は1965（昭和40）年です。

軍の需要で栄えた 道玄坂・円山町

さらに駅に向かいましょう。オルガン坂を

下って井の頭通りにぶつかる右角フェンスの中に陸軍境界石があります⑩。実はこの場所まで軍用地だったわけではなく、この近くの陸軍刑務所敷地西南角にあったものが、移設されました。

そしてもっと駅に近いところにも軍の痕跡があります。道玄坂の途中から、京王渋谷駅方面に向かう大和田通りの途中に「与謝野鉄幹、晶子旧宅・東京新詩社跡」という標柱があります⑪。この二人は引っ越し魔で目まぐるしく住まいを変えていますが、ここは二人が結婚して1901（明治34）年に最初に住んだ記念の地です。

オルガン坂下の陸軍境界石。「陸軍用地」というタイプ⑩

この新居がなぜ軍と関係しているかというと、なんと二人が住んだのは憲兵隊の幹部宿舎で、そこを借家していました。現代では考えられないですね。ここに憲兵隊が駐屯していたのは、駒沢あたりの駐屯地の軍人たちが円山町など渋谷あたりに繰り出して問題を起こすのを見張るためだったと言います。道玄坂は青山方面の陸軍根拠地とを結ぶ大山街道の道筋で、重要道路でもありました。

しかし1904（明治37）年に晶子が反戦歌とも取れる「君死にたまふこと勿《なか》れ」を発表す

戦前の代々木公園付近空撮写真。左上から真ん中に続く空き地が代々木練兵場。明治神宮社殿も白塗りされている。右下の白塗りは梨本宮邸

「与謝野鉄幹、晶子旧宅・東京新詩社跡」の案内標柱⑪

ると世間の非難が殺到し、自宅に投石なども行われるようになりました。さすがにそんな二人が軍宿舎に住むわけにはいかなかったのでしょう。まもなく転居します。

　この標柱から駅沿いの通りまで進んで左に行き、二つ目の狭い路地を左に入ると、突き当たりの曲がり角下に陸軍境界石⑫があります。与

繁華街の一角、景品交換所前の陸軍境界石（下）⑫

恵比寿・目黒

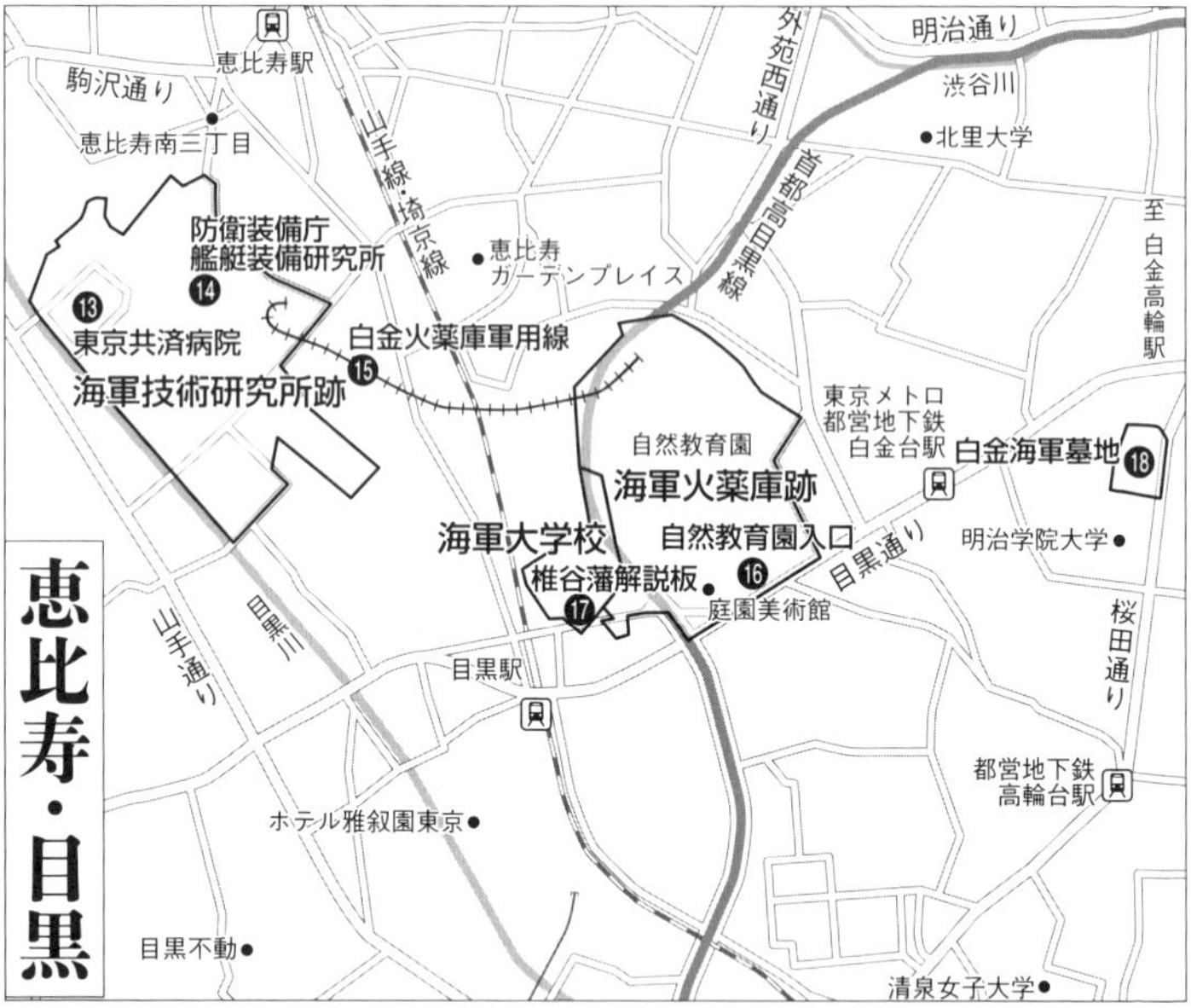

謝野夫妻の借家含め、憲兵隊の駐屯地があった証拠です。

さて渋谷駅から隣のJR恵比寿駅に行きましょう。駒沢通りから恵比寿南交差点を左に行き、角に江戸時代の道しるべが建つ恵比寿南三丁目交差点五差路を左に行きます。すると右側に防衛省目黒地区が現れます。ここはおそらく、日本で最も長く軍用地として使われている場所でしょう。

始まりは江戸時代の1857（安政4）年です。異国船の来訪が続く中、軍事力強化の必要を感じた幕府は、付近の4万坪もの敷地に砲薬製造所を作ります。火薬などの工場ですね。この場所が選ばれたのは、近くを流れていた三田用水の水を動力に利用できたためです。三田用水の水路跡は今も周囲に残っています。

維新後一時火薬製造は途絶えますが、1879（明治12）年になって海軍が再開し、1893（明治26）年には陸軍東京砲兵工廠に管轄が移るものの、依然火薬製造は続きました。しかし大量の水を使う工場は農業用水に使う農民とのトラブルが絶えず、さらに昭和に入り都市化が進むと万一の際危険だということで、工場は1928（昭和3）年に群馬県に移転します。

今も残る「大和」の模型試験もされた水槽

しかしその後も軍用地としては利用され、1923（大正12）年にできた海軍技術研究所が、関東大震災で壊滅した築地から1930（昭和5）年に移転します。また厳密に言えば軍の組織ではありませんが同じ年には海軍共済組合病院もできます。病院は東京共済病院⑬と名前を変え、今も同じ場所にあります。

大部分の土地は敗戦後に米軍に接収されたあと、再び自衛隊の施設地になりました。少し前まで防衛省防衛研究所などもありました。現在は防衛装備庁の艦艇装備研究所があり、戦前の1930（昭和5）年に造られた全長247メートルの大水槽⑭は同じ敷地で、今も海上自衛隊の船体抵抗試験などに利用されています。この水槽では、戦艦大和の船型の試験も行われたと言

戦前に造られた大水槽建物⑭

線路跡の陸軍境界石⑮

います。長大な建物は敷地外からもよくわかります。

その大水槽の建物あたりから東に、明治の頃には火薬を運んだ線路がありました。防衛省目黒地区の東の端には新茶屋坂通りがありますが、その入口あたりで左の道に入り、茶屋坂児

火薬庫だった自然教育園入口⑯

童遊園で左に入る道がその跡と思われます。途中2か所に陸軍境界石があります⑮。

線路は山手線を横切り、現在の自然教育園まで続いていました。ここは明治の初め頃は海軍の火薬庫でした。目黒で作った火薬を貯蔵していたのですね。

目黒駅から目黒通りを都心方面に進み首都高をくぐると、まもなく左手に国立博物館附属自然教育園の入口⑯があります。ここは人が歩く場所以外はほぼ人間の手が入らないように維持され、今やほぼ原生林化しています。このように自然度が高い森は、ほかに23区内では皇居吹上御苑と明治神宮の森ぐらいでしょう。その場所がかつては軍用地だったのです。

江戸時代は高松藩松平家の下屋敷で、別荘のようなものでした。そこに1872（明治5）

椎谷藩下屋敷跡の解説板。海軍大学校の敷地につながる⑰

年に海軍の弾薬庫ができます。広大な敷地に土塁で囲まれた火薬庫が点在していました。この土塁が一時は江戸時代以前の「白金長者」の館跡、と言われていた時期もありましたが、どうやら明治の火薬庫跡を勘違いしたもののようです。

火薬庫は1893（明治26）年に陸軍に管轄が移ったあと、1913（大正2）年に宮内省に売られ、廃止になります。しかし宮内省はこの土地をほとんど活用しません。1921（大正10）年になって南西の一角を朝香宮邸としますが、あとは放置されていました。朝香宮邸は現在の東京都庭園美術館です。

白金御料地と名付けられたこの場所は、100年以上も放置されたおかげで原生林化が進みました。敗戦後に皇室用地から国に戻され、そのまま自然を残して自然教育をする場所になりました。現在は史跡で天然記念物という珍しい場所です。

今は首都高や外苑西通りで分断されていますが、自然教育園の西隣には敗戦まで海軍大学校が隣り合っていました。1888（明治21）年に築地で発足した海軍大学校は関東大震災で大被害を受け、1932（昭和7）年にここに移転します。それ以前は陸軍衛生材料廠が1906（明治39）年からありました。医薬品や医療器具などの調達、保管、補給などを担当する部署です。

敗戦後は建物を利用して国立予防衛生研究所になっていましたが、同研究所は移転、建物は1999年に取り壊され、今はマンションが建っています。目黒通りに沿って江戸時代の椎谷藩下屋敷跡の解説板⑰があるあたりです。海軍大学校には触れられていません。

ほぼ消えてしまった海軍墓地

目黒駅か隣の白金台駅から東京メトロ南北線に乗り、白金高輪駅で下車しましょう。駅から桜田通りの坂を登って明治学院大学方向に行く途中、建物の上に神社のような屋根が見える施設が右側にあります。

施設の柵の中には「白金海軍墓地」との大きな標石が建っています。現在の名前は旧海軍軍人白金墓地記念堂⑱ですが、立ち入ることはできません。この明治学院大キャンパスとなっている丘の上は、明治初期に作られた広大な海軍墓地でした。戦後、南側の同大が用地を広げる中、改葬されて縮小されていきました。

「白金海軍墓地」の碑⑱

国のために犠牲になった軍人を祀るという靖国神社は多くの方がご存じと思いますが、実際に埋葬されているこのような墓地は、とてもなおざりにされていると私は感じます。都内を始め全国にこのような墓地がありましたが、どれだけの方がご存じでしょうか。

ここから芝方面に向かいます。桜田通り、国道1号を進んでいくと、三田を過ぎて赤羽橋の手前左に、三田国際ビル⑲や済生会中央病院がある一角があります。ここは江戸時代は広大な久留米藩有馬家の上屋敷で、そこに1871（明治4）年、工部省の製鉄寮が作られます。

ここが何回かの名称変更を経て、1883（明治16）年に海軍に移管され兵器局海軍兵器製作所となり、後に海軍造兵廠となりました。これが築地に1910（明治43）年に移転し

て、のちに先ほど見た海軍技術研究所となります。

　さらに桜田通りを進んで坂を登り飯倉交差点に至ります。ここを右折した右側のメソニックビルあたり⑳が、先ほど触れた水交社が敗戦まであった場所です。ここへの移転は震災後の1928（昭和3）年です。1943（昭和18）年に戦死した山本五十六元帥の国葬葬列はここから出発しました。

「メソニック」とは「メイソンの」という意味です。水交社敷地は米軍に接収され、その後フリーメーソン（メイスン財団）に払い下げられ、今も日本の本部がここにありますが、現在改築工事中です。

水交社新館（昭和館蔵）

軍が始めた天文台

飯倉交差点を左に行くと、警備がものものしいロシア大使館ですが、その手前の路地を左に入ってください。奥のアフガニスタン大使館の右側に小公園のような場所があります。ここには日本経緯度原点㉑があります。

精密な地図を作るには、現在地の精密な決定が必要です。そのために1872（明治5）年、この場所に海軍水路局観象台ができます。天体を観測して経緯度を厳密に決めるのが目的でした。その結果求められた精密な経緯度を基点として、さまざまな場所の経緯度を決め、地図を作っていくわけです。

日本経緯度原点の上にはかつて子午環という

天体を観測する装置が載っていました。第一章でも見たように、日本の測量、地図作成は軍から始まっています。観象台は１８８８（明治21）年に内務省地理局天象台と合併し、東京帝国大学付属東京天文台として新たに発足します。

こんな都心に天文台があったのですね。しかし都市化で観測環境が悪化し１９２３（大正12）年に三鷹に移転します。１９８８（昭和63）年には東大の天文台は国立天文台と改称し現在に至ります。この場所の原点は、今は国土地理院に管理が移管されています。第一章で見たように国土地理院も軍組織の流れを汲んでいます。

右側の黒点が日本経緯度原点㉑

ここから芝公園方面に向かいますが、この辺りには明治のころには海軍の施設が多くありました。これは一つには徳川氏の菩提寺だった増上寺の土地を明治政府がどんどん取り上げて土地が得やすかったことと、もう一つには、幕末あたりから江戸・東京の港としての機能が芝あたりにあり、海とのアクセスがよかったからです。諸外国の大使館も海に近いこの港区に多くでき、それが今でも港区に大使館が多い理由になっています。

現在、増上寺の北側に芝公園４号地という大きな広場㉒がありま

芝公園4号地から見た東京タワー㉒

す。最近は東京タワーのフォトスポットとして人気です。この場所には江戸時代には増上寺の本部事務所とも言える本坊がありましたが、１８７２（明治５）年に開拓使仮学校ができます。公園の北東角に北海道大学同窓会が建てた碑㉓があります。北海道大学の発祥の地です。

その後１８８２（明治15）年に海軍省が築地から移転してきます。しかし霞が関にレンガ庁舎が完成すると１８８６（明治19）年に移転し、近くにあった海軍水路部が入ります。

第一章でも紹介した水路部は１８７１（明治４）年に増上寺の一角だった現在の日本赤十字社ビルあたり㉔に海軍水路局として発足します。水路部は１９１０（明治43）年に築地に移転し、その後は鉄道省の被服工場になりました。

「開拓使仮学校跡」、北海道大学創立地㉓

海軍経理学校も発足はこのあたりで、海軍会計学舎として１８７４（明治７）年にできました。この学校はいろいろ曲折ののち、１８８８（明治21）年に築地に移ります。

海軍軍医学校が海軍医務局学舎として１８８２（明治15）年に再興されたのもこの近辺です。ちなみにこの時学舎長だった高木兼寛はのちに海軍軍医の最高位、海軍軍医総監になるのですが、軍医の傍ら同じ年に病院を創設します。これが慈恵医大病院の源流で、芝に作られ、主なスタッフも海軍軍医の全面協力で揃えられました。慈恵医大の敷地は、当時海軍省があったすぐ北側になります。高木兼寛は麦飯を推進して海軍の脚気を撲滅し、栄養の観点から海軍カレーを考案した人としても知られています。

水交社も発足時は増上寺の敷地だった現在の芝パークビル㉕にあり、1876（明治9）年に発足しています。

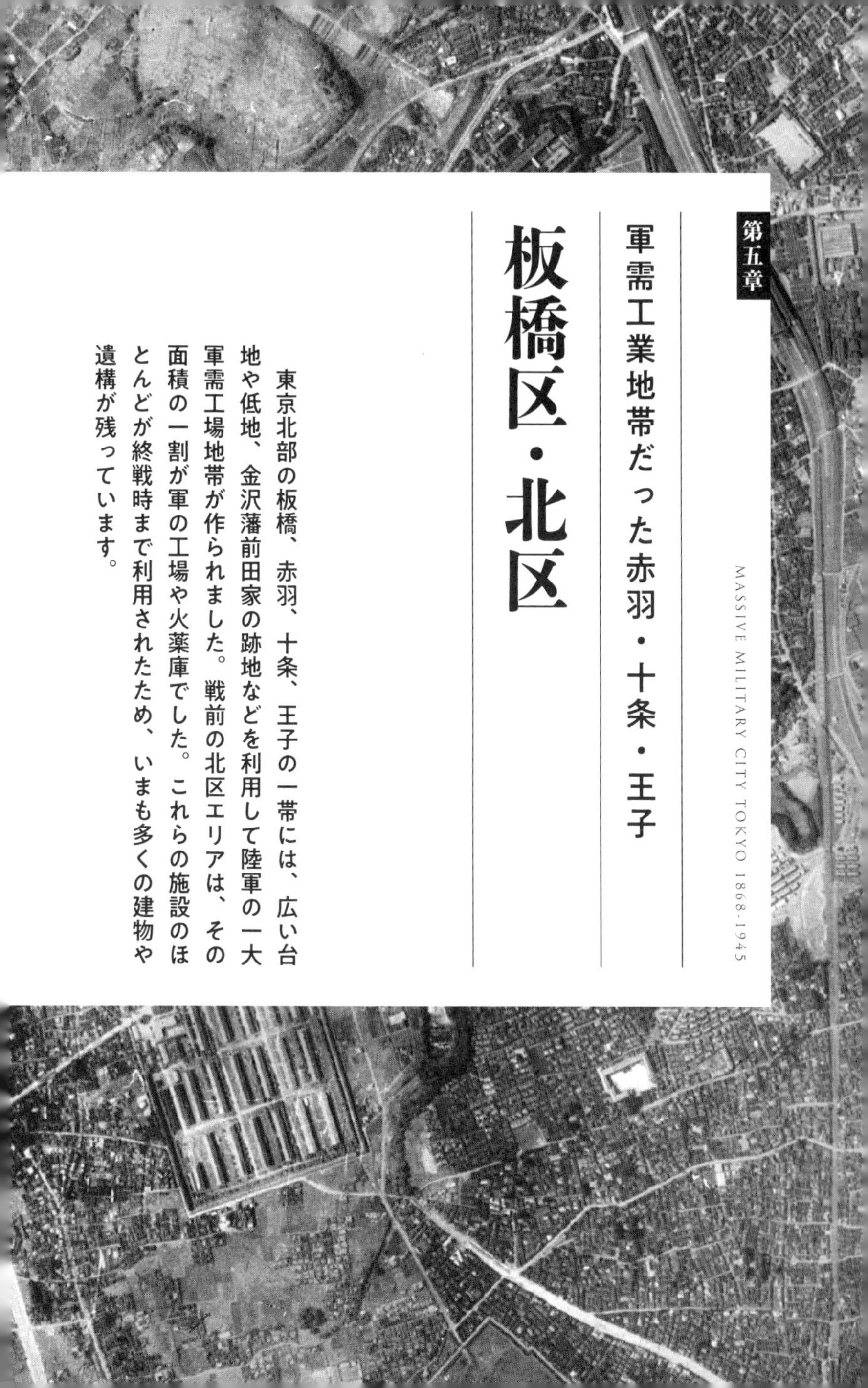

第五章

板橋区・北区

軍需工業地帯だった赤羽・十条・王子

東京北部の板橋、赤羽、十条、王子の一帯には、広い台地や低地、金沢藩前田家の跡地などを利用して陸軍の一大軍需工場地帯が作られました。戦前の北区エリアは、その面積の一割が軍の工場や火薬庫でした。これらの施設のほとんどが終戦時まで利用されたため、いまも多くの建物や遺構が残っています。

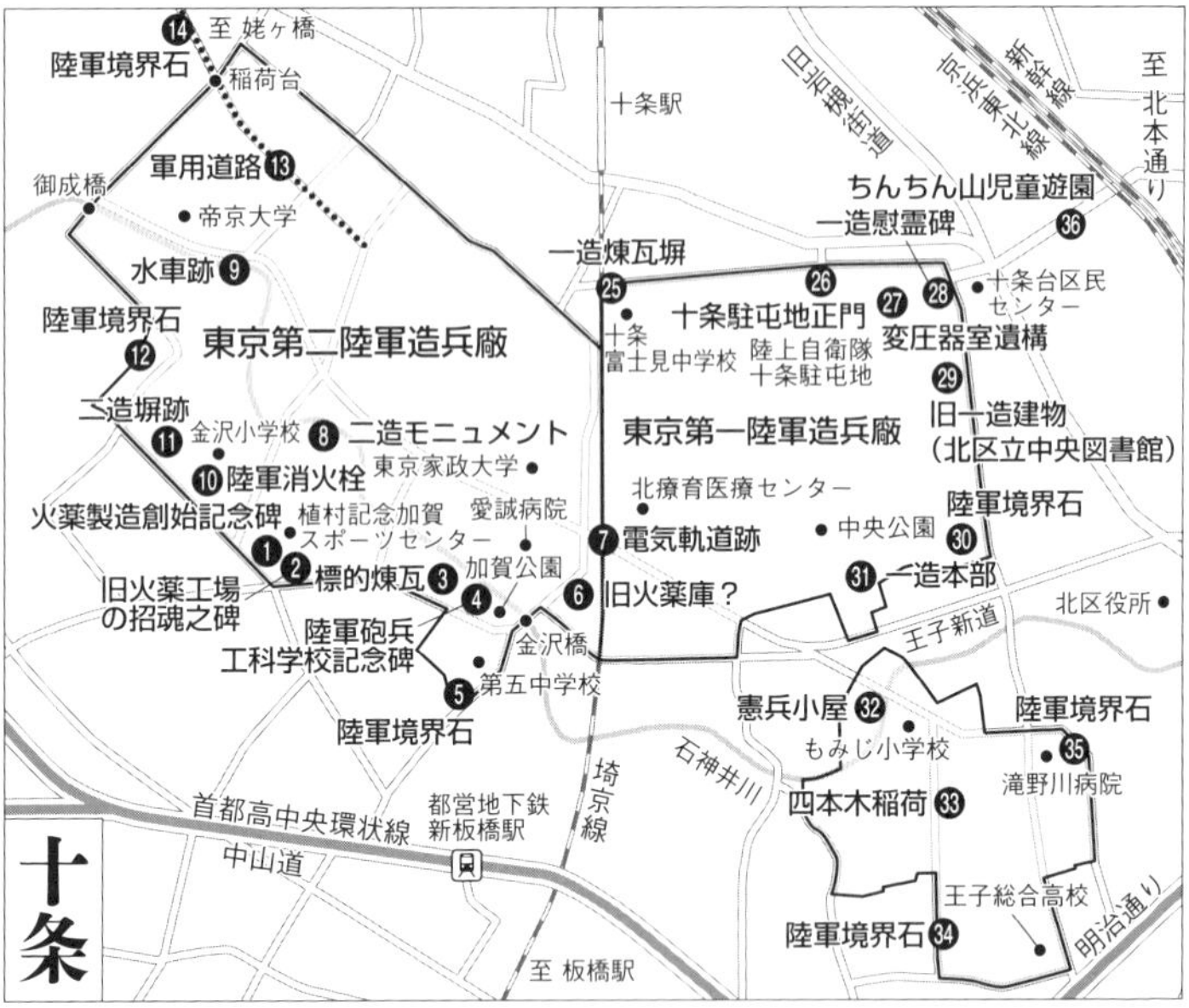
十条
14 至 姥ヶ橋
陸軍境界石
稲荷台
十条駅
旧岩槻街道
京浜東北線
新幹線
至 北本通り
御成橋
軍用道路 13
帝京大学
ちんちん山児童遊園
一造慰霊碑
36
水車跡 9
一造煉瓦塀
25
26
十条駐屯地正門 27 28
十条台区民センター
陸軍境界石
東京第二陸軍造兵廠
十条富士見中学校
陸上自衛隊十条駐屯地
変圧器室遺構
12
29
二造塀跡
金沢小学校
8 二造モニュメント
東京第一陸軍造兵廠
旧一造建物（北区立中央図書館）
11
東京家政大学
10 陸軍消火栓
北療育医療センター
火薬製造創始記念碑
植村記念加賀スポーツセンター
愛誠病院
陸軍境界石
1
2
7 電気軌道跡
中央公園
30
加賀公園
31 一造本部
旧火薬工場の招魂之碑
標的煉瓦 3
4
6 旧火薬庫？
北区役所
陸軍砲兵工科学校記念碑
金沢橋
王子新道
5 第五中学校
憲兵小屋 32
陸軍境界石
陸軍境界石
もみじ小学校
35
石神井川
滝野川病院
埼京線
首都高中央環状線
都営地下鉄新板橋駅
四本木稲荷 33
中山道
王子総合高校
明治通り
陸軍境界石 34
至 板橋駅

東京メトロ王子神谷駅
王子
紀州通り
飛鳥高等学校
二造王子工場
隅田川
首都高中央環状線
至 ちんちん山児童遊園
37 陸軍境界石
明桜中学校
王子警察署
北本通り
軍用水路 38
39 陸軍境界石
みやぎ水再生センター
豊島公園
石神井川
二造堀船倉庫
TSネットワーク東京支店
堀船中学校
日刊スポーツPRESS王子工場
東京メトロ王子駅
40
陸軍境界石
一造尾久工場
明治通り
国立印刷局王子工場
王子駅

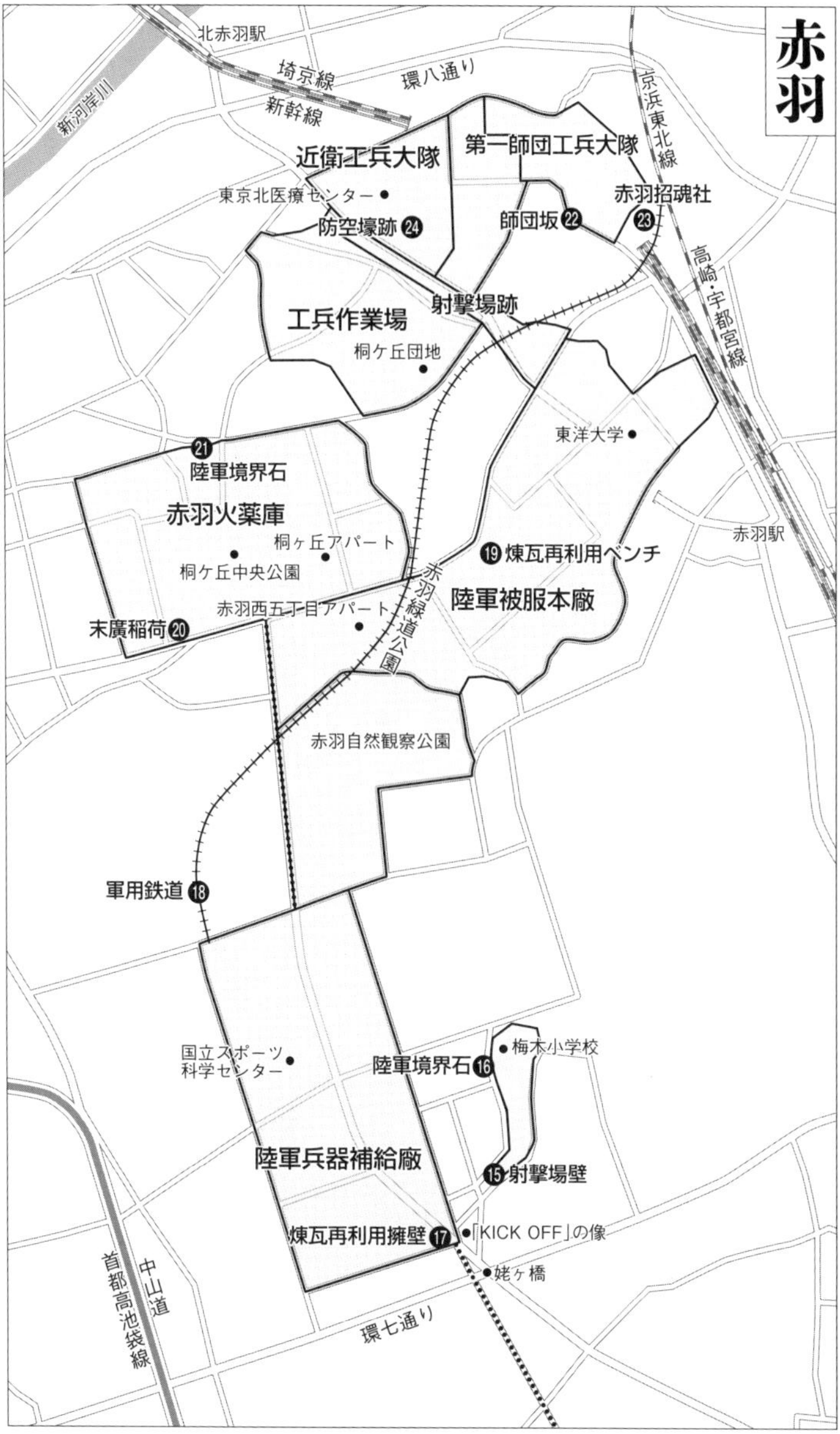
赤羽
北赤羽駅
埼京線
新幹線
環八通り
新河岸川
京浜東北線
近衛工兵大隊
第一師団工兵大隊
東京北医療センター
赤羽招魂社 23
防空壕跡 24
師団坂 22
高崎・宇都宮線
射撃場跡
工兵作業場
桐ケ丘団地
東洋大学
21 陸軍境界石
赤羽火薬庫
桐ヶ丘アパート
桐ケ丘中央公園
赤羽駅
19 煉瓦再利用ベンチ
赤羽緑道公園
陸軍被服本廠
赤羽西五丁目アパート
末廣稲荷 20
赤羽自然観察公園
軍用鉄道 18
梅木小学校
国立スポーツ科学センター
陸軍境界石 16
陸軍兵器補給廠
15 射撃場壁
煉瓦再利用擁壁 17
「KICK OFF」の像
姥ヶ橋
首都高池袋線
中山道
環七通り

JR板橋駅、あるいは都営三田線新板橋駅から板橋区立植村記念加賀スポーツセンターを目指してください。この施設は住所が「板橋区加賀」なのですが、これは江戸時代にこの地にあった旧加賀国、金沢藩前田家下屋敷があったことにちなみます。その広さは21万坪と、江戸の大名屋敷の中で最大でした。

この土地を利用して明治政府は1876（明治9）年、火薬製造工場である陸軍砲兵本廠板橋属廠《ぞくしょう》を造ります。この場所を選んだのは屋敷跡が広大だったことに加え、敷地内を石神井川が流れており、その水力を利用できたからです。

工場は1882（明治15）年に板橋火薬製造所と改称し、さらに1923（大正12）年に陸軍造兵廠火工廠板橋火薬製造所、1940（昭和15）年に東京第二陸軍造兵廠（通称「二造」）となります。当初3万坪だった敷地面積は、最終的に15万坪にもなり、敗戦まで存続しました。

北・板橋にまたがった広大な火薬工場

当初製造していたのは火縄銃などにも利用されていた黒色火薬でした。これは木炭、硫黄、硝石に水を加えて混ぜ、すりつぶしながら作ります。スポーツセンター右にある加賀西公園を奥に進んでください。何やら巨大な車輪を組み合わせたようなモニュメントがあります。

記念碑となった黒色火薬製造用の圧磨機圧輪①

この車輪のような石は圧磨機圧輪といって、黒色火薬製造時に材料をすり潰すための部品でした。黒色火薬は明治末には軍事用には使われなくなり、不要になった圧輪を利用して、1922(大正11)年にこの「火薬製造創始記念碑」①が作られます。

巨大な圧輪は大理石製で、実は幕末に幕府がヨーロッパから輸入したものです。輸入したのは、戊辰戦争で榎本武揚とともに最後まで北海道で戦った澤太郎左衛門(1834-1898)でした。榎本らがオランダに発注して建造した開陽丸の艦長になり、幕末物の時代劇にはよく登場します。

澤はオランダで職工となって火薬製造を学び、その熱意が買われて当時は重要な軍事物資であった圧輪の輸出も認められます。箱館戦争後許された澤は軍に入り、火薬製造に協力しています。記念碑は1922（大正11）年に建てられましたが、碑面には澤の業績も顕彰されています。

この黒色火薬は扱いが難しく、製造中にしばしば爆発事故を起こしました。圧輪の右奥に進むと小さな「招魂之碑」②が建っています。これは1902（明治35）年に起きた火災・爆発事故の犠牲者を慰霊したものです。

火薬工場の爆発事故で犠牲になった作業員の慰霊碑②

今や周りはマンションなどが建ち並ぶ静かな街で、そんなことが起きていたとはとても想像できません。

公園入口に戻って王子新道を左に進みます。やがて左にこんもりとした丘のある加賀公園が見えます。公園の小山は前田家屋敷の庭園の築山として築かれた人工の山で、ふもとに「板橋区と金沢市との友好交流都市協定締結記念」モニュメントや前田家屋敷の解説板があります。

小山の西側は削られたように切り立っており、そこにコンクリートで覆われたレンガ造りの巨大な壁があります。これは現在は隣の敷地となっている場所から発射された弾丸などを当てる標的③です。

隣の敷地には火薬工場内の研究施設があり、開発した火薬を用いた発射試験を行い、その性能を確認していました。弾道検査管と呼ばれるコンクリート製の管が残っています。またその脇には、資材などを運んだ電気軌道跡も残っています。

いまだに残る標的・建物は戦跡公園に

隣の敷地は戦後、民間の研究所になっていましたが、研究所は敷地の大部分を売却して移転しました。戦前に作られた研究施設の建物がほぼ残っていたのですが、多くが解体されました。しかし一部の土地と建物を板橋区が取得し、検査管や標的などとともに整備して史跡公園として開園する予定です。

先ほどの友好都市モニュメントの下の段の植え込み内には小さな石碑があります。「花匂ふ桜ヶ丘に永遠の平和を祈る　工科学校板橋分校跡」と刻まれています。これは、七章で紹介する小石川後楽園近くにあった陸軍砲兵工科学校分校の記念碑④です。校舎は道路を挟んだ板橋五中の敷地にありました。

板橋区と金沢市の姉妹都市友好記念モニュメント

火薬の性能を見るための弾道検査管

弾道検査管標的のレンガとコンクリート壁③

学校は造兵廠の技術者養成を目的に作られ、のちに工科学校、さらに兵器学校と名称が変わって1938（昭和13）年に相模原に移転しました。跡地は二造で働く従業員の宿舎となります。板橋五中南側に「陸軍省」と書かれた陸軍境界石⑤が残っています。

加賀公園の先には金沢橋があり、石神井川を渡った左側の理化学研究所板橋分所の建物は二造時代のレンガ造りです。この建物は板橋区が取得しており、先ほど触れた史跡公園の一部となる予定です。

ひっそりと残る砲兵工科学校跡碑④

板橋五中敷地角に残る陸軍境界石⑤

二造の建物を利用した旧理研板橋分所

土で覆われた旧二造建物⑥

十条台橋の上から見た電気軌道橋桁跡⑦

向かいの愛誠病院の建物にも二造時代らしきものが残ります。愛誠病院入口前の道を登ると、右側に小山のような茂みがあります。登り切った三叉路を右に折り返すと、すぐ右に、出入口のない山形の壁のみが見えてきます。屋根部分には土が被り草木が茂っています。これも戦前の工場建物の一つ⑥と思われます。

三叉路に戻って、来た道を進むと右手に埼京線を跨《また》ぐ十条台橋があります。橋の上から池袋側を眺めると、両側に橋台のようなものが残っています。これは先ほど見た電気軌道が通っていた橋の跡⑦です。線路の向こうは後述する一造十条工場というまた別の大工場敷地です。

十条台橋の先、線路と反対側には東京家政大学があります。この中にも二造の建物が3棟ほど残っており、現役施設としていまだに使われています。

小学校庭に陸軍の消火栓

戻って金沢橋をまた渡り、川沿いの遊歩道を進みましょう。加賀橋公園には南極の石が置いてあります。この隣にかつて極地研究所がありました。さらに進むと小さな公園があり、レンガ造りの建物の壁が横倒しにされたような空間⑧があります。これは隣接する大規模マンションの公開空き地なのですが、横倒しになった壁の飾りの一部は、戦前の二造建物の遺物です。マンション建設までここに残っていた建物の記憶を残すためのものです。かつての建物は高さ10メートル、間口13メートルもありました。

二造建物の一部を保存したモニュメント⑧

すぐ先の緑橋を越えて川沿いを進むと、帝京大学病院の寮があり、その手前左に細い道⑨があります。かつてはここに、火薬工場の機械を動かした水車が設置されていました。川と反対側は高い壁のようですが、内側は東京都水道局の板橋第二給水所です。今は災害時などの給水施設になっていますが、元は火薬工場用の地下水供給施設です。

給水所の上は加賀二丁目公園となっています。月曜や夜間は閉まりますが、開いていれば石神井川側から通り抜けできます。公園を出てマンションとさらに公園を抜けた道は、最初に行った加賀西公園前から続く道です。正面は東板橋公園です。

左に進むとすぐに金沢小学校があります。この名前も前田家にちなむものです。その校庭脇に星のマークのある銀色の消火栓⑩が残ります。これは戦前から残る二造の消火栓です。頂点が5つある星のマーク「五芒星」は陸軍の象徴でした。

先ほどの公園出口を今度は右に行くと、十字路の右手前角に、黄色と黒で塗り分けされた奇妙なコンクリートの棒が建っています。いかにも通行の邪魔です。これは二造敷地境界の塀を支え

二造での水力利用のための水路跡⑨

火薬工場に水を供給していた板橋第二給水所の上は加賀二丁目公園

金沢小学校内の旧火薬工場消火栓⑩

ていた柱⑪といわれています。塀を取り壊す際に手間だったのか、よほど頑丈なのか、少し先にも同じような柱が建っています。道路との境にも塀を壊した跡のような鉄筋が見えます。

その先の十字路を右に入ると、右側にいくつか陸軍境界石⑫が並びます。ここまでが二造敷地でした。この細い道を抜けると再び加賀西公園から続く道に出ます。左に行き、道なりに進んで石神井川に架かる御成橋を渡って帝京大学病院北西角の稲荷台交差点に出ます。帝京大学構内にも旧軍電気軌道のトンネル外壁が残っていますが、今は見ることはできません。

稲荷台交差点から左に続く美しい並木道は、明治初期に作られた赤羽根（赤羽）火薬庫道と呼ばれた軍用道路⑬でした。二造の火薬工場か

二造敷地西側の陸軍境界石（右下）。後ろの塀はおそらく戦前のもの⑫

二造を囲んでいた塀の支柱⑪

帝京大学構内に残る二造内の電気軌道側壁

らこのあと行く火薬庫に続く道です。当時の中山道が幅4間（7・2メートル）だったのに対し、この道路は8間（14・4メートル）もありました。途中に陸軍境界石⑭が残ります。

軍用道路の先、ビルの間を抜けていくと環七の姥《うば》ヶ橋《がばし》交差点に出ます。環七を横切る前に交差点を右に渡ってから姥ヶ橋陸橋下を潜ります。環七を渡ったあとの歩道橋を越えた先で右の路地に入ります。次の五差路の右から二つ目に進むと、中央に小さな分離帯がある道になります。

この右側の道に行くとすぐ左に古びたコンクリート塀⑮が現れ、数十メートル続きます。これは1905（明治38）年にできた陸軍砲兵工廠稲付射場、つまり射撃場の境界塀です。二造で作られた火薬の爆破実験などが行われており、先ほど見た加賀公園の弾道検査施設の代替の役割もありました。

射場は7000坪近い面積があり、跡地は北区立梅木小などになっています。学校の通用門の少し先に陸軍境界石⑯があります。校舎のあたりが掘り込まれており、そちら側に射撃したようです。校舎裏側にも境界壁が残っています。

広大な兵器庫跡はスポーツの殿堂に

先ほどの歩道橋先の路地へ戻り右へ進むと、「KICK OFF」と題したサッカー少年の像が

二造から赤羽根火薬庫までの軍用道路跡⑬

梅木小学校敷地境に残る陸軍境界石⑯

稲付射場を囲んでいた塀⑮

あります。高校サッカーなどが行われた近くの西が丘サッカー場にちなむものでしょうか。実は西が丘サッカー場は旧軍施設跡に造られています。

その敷地はこの少年像あたりが南東の角で、北西の角が西が丘サッカー場から変わった「味の素フィールド西が丘」の北西角までのきれいな長方形の広大な範囲です。１９０６（明治39）年に建設された陸軍兵器補給廠がありました。

先ほどの軍用道路は、兵器廠の中を貫通していました。施設の役割は文字通り、前線部隊への兵器、弾薬、各種資材の補給です。今は跡地にナショナルトレーニングセンター、都営などの公営住宅、警察施設、高校などがありますが、敷地内にあった産総研跡地に２０２０東京五輪に向けて第2トレセンを作ろうとした際、土壌汚染が発見されて計画がストップするという事態がありました。

原因は不明ですが、旧軍時代か、その後の米軍接収時代のものでしょう。軍の負の遺産が時代を超えても表面化してきます。

少年像の少し先で横断歩道を向かいに渡り、板橋から来た方向に少し戻ると、ちょうど少年像の向かいあたりの小広場にレンガの低い擁壁⑰があります。これは補給廠建物のレンガを再利用したものです。

赤羽補給廠建物のレンガを再利用した小広場⑰

長方形のエリアの西の端まで行って、北に向かいましょう。終わりが見えないくらいまっすぐに道が続いています。頑張って北西端まで行きましょう。たどり着くと正面は突き当たりになります。横断歩道を渡り、右へ行くと、すぐ先の区営住宅と手前のマンションの間に細い道があります。ここに入ります。

すると手前のマンションがやけに細長く続いているのがわかります。この敷地は、補給廠から赤羽まで通っていた軍用鉄道の跡⑱です。赤羽駅の少し北で東北線に接続していました。細長いマンションを過ぎると突き当たりますが、左に道があり、旧鉄道敷地の西側を歩けます。また先で突き当たったら右に回り込んで進みましょう。

やがて広い道路に出て歩道橋を渡ると、右側

軍用鉄道沿いの細長い通路⑱

赤羽補給廠拡張用地だった赤羽自然観察公園

は赤羽自然観察公園になります。ここも旧軍用地で、先の補給廠の拡張予定地でした。戦後は米軍に接収され、戦車が演習をしていました。返還後は一部が陸上自衛隊駐屯地になりましたが、今は公園とスポーツ施設になっています。

赤羽は軍服工場から発展

鉄道跡はまだまだ続き、ここからは「赤羽緑道公園」となります。緑道には線路をイメージした線が描かれ、途中の橋には車輪の意匠があしらわれています。かつては弾薬や兵器を積んだ列車が行き来していました。

緑道公園の左右が高層住宅になった地域は、戦前は陸軍の被服本廠がありました。軍服などを作る工場です。現在の赤羽西5丁目北側から、赤羽台1丁目、2丁目全域という広大な敷地です。

被服廠は1890（明治23）年に両国駅の北側の旧幕府御竹蔵（実質米蔵）にできます。これが1919（大正8）年に移転してきました。その跡地が「被服廠跡」で、関東大震災で4万人近い焼死者を出しました。すでに敷地は東京市などに払い下げられており、公園を作る計画でした。木の茂った公園ができていればあれほどの被害は出なかったでしょう。

赤羽には1891（明治24）年にすでに被服倉庫ができており、そこに工場機能を合わせました。工場敷地は9万坪にも及び、ここで働く労働者が周囲に住むことで赤羽の町が一気に賑やかになったと言います。

戦後は引揚者などを受け入れる大規模住宅団地になりましたが、現在は老朽化で建て替えが進められています。建て替え工事現場では、被服廠建物と思われるレンガ基礎などが出土しており、そのレンガを再利用したベンチ⑲もあります。

緑道公園を挟んで被服廠の西北、現在の桐ケ丘1丁目あたりは1872（明治5）年から赤羽

軍用鉄道跡だった赤羽緑道公園。線路の模様が描いてある

被服廠建物のレンガを再利用したベンチ⑲

旧火薬庫内にあった末廣稲荷⑳

火薬庫がありました。今は都営アパートが広がっています。その南側に「末廣稲荷大明神」⑳が鎮座していますが、これは火薬庫時代の火《ひ》除《よけ》の鎮守が残ったものです。境内には「支那事変記念樹」などというものも残っています。また北側に陸軍境界石㉑が残ります。

　さらに火薬庫の北には、陸軍第一師団工兵大隊と近衛師団工兵大隊の二つの工兵部隊が、1887（明治20）年から駐屯しています。今の赤羽台4丁目の全域です。この部隊は丸の内にいたのですが、第一章で書いた三菱への丸の内売却で移ってきます。

　JR赤羽駅から線路沿いに北に向かうと、新幹線と在来線が分岐する高架を横目に見て登り坂になります。この先に第一師団工兵大隊が駐屯していたため、この坂はいまだに「師団坂」㉒と呼ばれ、坂上には「師団坂通り」というバス停もあります。跡地には星美学園があります。

その南側には古くから赤羽八幡が鎮座していますが、その境内に赤羽招魂社㉓があります。これは工兵大隊内にあった営内社を移したものです。

近衛工兵大隊の駐屯地は星美学園の西で、現在は東京北医療センターになっています。両駐屯地の間は住宅地になっていますが、ここは練兵場でした。そして医療センターの南側はさくら並木公園ですが、その奥まった一角に防空壕㉔が残っています。今は入口は入れないようになって

「師団坂通り」バス停。背後の星美学園敷地が工兵大隊駐屯地だった㉒

工兵大隊内にあった赤羽招魂社㉓

さくら並木公園奥に残る防空壕㉔

いますが、解説板が立てられています。

公園のさらに南側にはかなり広い一直線の道が赤羽駅方向に続いています。これは両工兵部隊が使っていた射撃場跡です。今の八幡小あたりに土塁を築き、そこへ向けて射撃していました。射撃場の谷を越えた今の都立桐ヶ丘高校や都営桐ヶ丘アパートの一帯も工兵隊の演習場でした。

ここまで、板橋あたりからほぼ切れ目なしに軍用地が続いていたのです。

戦前の陸軍空撮写真。左下は兵器補給廠。上中は被服廠。左上が火薬庫。その間を軍用鉄道が通っているのが見える。右上に赤羽駅

埼京線沿いに残る弾丸工場のレンガ塀

ここからは山手線東側の軍用地をご案内します。

JR埼京線十条駅の南口を降りて線路沿いに進むと小さな踏切があります。ここには電車から見える軍遺跡があります。線路東側に灰色の壁がえんえんと続いていますが、これは東京第一陸軍造兵廠（通称「一造」）十条工場を乗客から隠すための塀でした。今はコンクリートに覆われていますが、内側を見てください。最近作られたコンクリートの補強柱に支えられていますが、見事なレンガ積みになっているのがわかります。

レンガ塀㉕が見られるのは北区立十条富士見中学校の敷地です。踏切脇に補強前の写真や一造の敗戦直後の空撮写真とともに、解説が書いてあります。校門やそばのベンチにも、一造施設のレンガが再利用されています。生徒たちにとってはまたとない歴史教材ですね。

学校前の道をしばらく進むと自衛隊十条駐屯地の正門㉖です。門両袖にアンティーク感漂うレンガが使われており、「この煉瓦は（中略）、明治38年この地に建設された東京砲兵工廠銃砲製造所に使用されたものの一部を保存したものです」との説明板がはめ込まれています。レンガ塀の

埼京線沿いに残る一造の塀㉕

右端にとてつもなく小さく書かれていますのでお見逃しなく。

正門を過ぎて行くときれいな芝地が広がる駐屯地の奥に、三角屋根のレンガ造りの門のようなものが見えます。これは一造のレンガ造り建物の妻側の面を保存してモニュメント㉗として残したものです。開口部の上に白い点が見えま

一造建物のレンガを再利用した自衛隊十条駐屯地正門㉖

一造変圧器室の一部を保存した自衛隊駐屯地モニュメント㉗

すがこれは碍子《がいし》で、建物は変圧器室として使われていました。敷地内の建物の窓枠などにも古いレンガが使われています。

この地の兵器工場の始まりは１９０５（明治38）年です。普通は入れませんが、駐屯地の本館前に１９０６（明治39）年に建てられた開設記念碑が残っています。その後信管などを作る火具製造所も移転し、１９２３（大正12）年には陸軍造兵廠火工廠十条兵器製造所となります。さらに１９３６（昭和11）年に陸軍造兵廠東京工廠となり、造兵廠本部も置かれました。最後に１９４０（昭和15）年に東京第一陸軍造兵廠という名前になります。面積は10万坪にも及び、敗戦まで小銃や戦闘機の銃弾、無線機や電話機、信管などを作っていました。小銃弾は月産1000万発生産できました。

図書館に生まれ変わった弾丸製造建物

自衛隊敷地が途切れた先は公園になっていますが、「殉職慰霊碑」と大書された碑㉘がありま す。ここもかつては一造の敷地内でした。公園は少し前まで稲荷公園という名でしたが、その名の通りここに四本木稲荷という兵器工場内の神社がありました。

さて公園の南には北区立中央図書館㉙がありますが、たいへん素晴らしい建物で必見です。図書館を公園側から見ると、レトロなレンガ造りの屋根が二つ並んで見えます。これは一造にあった275号棟という建物を再利用して図書館にしたものです。

275号棟は1919(大正8)年に建てられ、小銃の弾丸を作っていました。南北54メートル、東西27メートルで、高さは5・45メートル。北区内で作られたレンガと九州の八幡製鉄所で作られた鉄骨を使った完成期のレンガ建築で、関東大震災でもびくともせず敗戦まで使われ、他の建物が次々取り壊される中、1989年まで自衛隊が利用しました。

建物は土地とともに北区が購入し図書館に生まれ変わったのですが、よくある外観保存ではなく、外観はもちろん内部もきちんと保存して生かしているのがこの図書館の特徴です。図書館全

元は工場内の神社があった公園に建つ殉職慰霊碑㉘

体は、275号棟内側に新しい鉄筋コンクリート3階建ての建物を建てているのですが、新築3階部分はレンガ建物の壁からかなり内側なので、公園側からあまり見えず、レンガ建物だけが残っているようにも見えます。

開館は2008年です。閲覧室や書庫は元

銃弾製造工場から生まれ変わった北区立中央図書館㉙

の建物の天井の高さを生かした開放的な空間で、大きくレトロな窓辺での読書は落ち着きます。天井の鉄骨組も残され美しく、外壁や基礎も室内で間近に見ることができます。一部の鉄骨は保存されており「ヤワタ」の文字が読めます。歴史的建造物の再利用法として大成功で、図書館建築賞やグッドデザイン賞を受賞しているのももっともなことです。

その一方、多数残っていた他の一造の建物は、近年の自衛隊の建て替え工事ですべてなくなってしまいました。1989年に作られた「十条台」という写真集を見ると、3階建て3連の巨大赤レンガの工場建物など、ほぼすべての工場建物が明治から大正にかけて造られたままの姿で残っていたことがわかります。この工場は意外なことに空襲被害がほとんどありませんでした。米軍が占領後利用するため意図的に爆撃を避けた、という説もあります。今も残っていれば、東京駅を超える古さの巨大レンガ建物群として、計り知れない価値を生んでいたでしょう。残念でなりません。

工場司令部は地域の文化センターに

さて図書館東、少し高くなった道を南に下りましょう。近年建て替えが進んだ都営住宅群が右に見えますが、これらもかつての一造敷地内でした。少し坂を下った所で右の路地に入ります。

右側の擁壁の下に陸軍境界石㉚が3つ並んでいます。近年改築工事が行われてどうなるか心配していましたが、よりきちんと残されたので安心しました。

細い道を抜けていくと広い車道、王子新道に出ます。二造の前を通っていた道です。右に行くと北区中央公園の入口があります。スロープを登ると白いレトロな建物が現れます。現在は北区中央公園文化センター㉛ですが、かつての

再整備された一造南側の陸軍境界石㉚

陸軍造兵廠本部です。1930(昭和5)年に完成しました。元は黄土色のタイルだったのですが、米軍が接収中に白く塗ってしまいました。軍の建物とはいっても、細長く大きい窓や装飾などがおしゃれです。旧軍の建物は威厳とともに美しさも意識されていました。内部は自由に入れます。また一造時代の年表なども展示されています。外の脇にも、砲兵工廠銃砲製造所のボイラーなどが置かれています。

王子新道に戻りさらに右へ行きます。変則の王子本町三丁目交差点を左へ下って、石神井川の

一造本部だった北区中央公園文化センター㉛

一造で使われていたボイラー設備などの残骸

方へ向かいましょう。橋を渡る手前の右手、異様な四角いコンクリートの箱が民家の敷地にあります。これは通称「憲兵小屋」㉜と呼ばれており、川向こうにあった一造滝野川分工場への出入りを監視したといいます。しかし窓もなく、とても歩哨所とは思えません。何かの機械を置いた部屋だという話もあります。いずれにしろ旧軍の遺物のようです。

通称「憲兵小屋」といわれる旧軍構造物㉜

滝野川分工場は明治の初めには板橋火薬製造所の分工場として稼働していましたが、大きな工場になるのは１９０８（明治41）年以降です。雷汞《らいこう》場などとも呼ばれ、雷管などを造っていました。戦前には技能者養成所という熟練工を育てる学校もありました。

石神井川を渡って滝野川もみじ小学校の角を右に曲がると、ここにも四本木稲荷㉝という神社があります。

保存整備された陸軍境界石

「大正13年」の銘のある鳥居は「陸軍造兵廠」と彫られています。さらに境内には１９１７（大正6）年に建てられた忠魂碑があり、「火具製造所」寄進とあります。火具製造所は雷管などを造る部門です。この忠魂碑は黒色火薬製造に使った圧輪を再利用したもので、よく見ると一枚の輪を割って一方を土台に、一方を碑にしています。

来た道をそのまま進んでいくと、左側に真新しい滝野川三丁目公園があります。その道路近くに陸軍境界石㉞がまとめて保存してあります。元々はここにあった公務員宿舎の脇に並んでいましたが、公園整備の際に壊さないで保存しました。公園に隣接する王子総合高校敷地までが分工場跡です。

四本木稲荷に残る圧輪を利用した忠魂碑㉝

高校の裏をまわって広い紅葉橋通りに出たら左へ行きます。しばらく行くと、右に滝野川病院があります。この病院を運営する社会福祉法人新栄会は軍とのゆかりがあります。

かつて造兵廠には従業員の福利厚生を目的に1930（昭和5）年にできた「共栄会」という組織がありました。これが敗戦による軍組織の解体で消滅しようとする中、病院職員などの有志が、失業した旧従業員ら生活困窮者を助け

公園整備で付近から集められた陸軍境界石㉞

ようと再建されたのが「新栄会」です。敗戦後すぐに救済対象を生活困窮者全体に拡大し、今は都内の多くの保育園や介護施設の運営、路上生活者自立支援など多くの事業を行っています。病院敷地境に2か所ほど陸軍境界石㉟があります。

再び北区立中央図書館そばの旧稲荷公園まで戻ってください。公園北側の道を十条台区民センターの方へトンネルを通って下っていきます。すると道路高架の下にちんちん山児童遊園㊱という小さな公園があります。公園内にある半円形のオブジェは、一造十条工場から隅田川に続いていた電気軌道下をくぐるトンネルの縁石を保存したもので、トンネルはこの公園の場所にありました。高架道路は戦前は電気軌道が

軍用軌道下のトンネル開口部を保存してあるちんちん山児童遊園モニュメント㊱

通る土手になっており、土手を潜るためにトンネルが造られました。ちんちん山はその土手の愛称でした。

電気軌道跡の都道を東に進んで北本通りを越えると、すぐ左手が二造王子工場跡です。今は駿台学園中高校、都立飛鳥高校、東京成徳大学高校、王子警察署、王子税務署などがあります。1904（明治37）年に貯弾場として造られ、のちに拡張して6万坪もの広さになりました。

北本通りを渡ってすぐに王子警察署がありますが、この裏に陸軍境界石があり、その後ろの壁㊲はおそらく戦前のものです。また分工場の敷地跡は、前の道路から見ると土地が少し高くなっています。工場ができる以前、あたりは水田ばかりで大雨ですぐ水浸しになるような場所

二造王子工場跡に残る塀㊲

二造王子工場への運送路だった水路跡の豊島公園と解説板㊳

でした。洪水被害を避けるため、建設時に近くで工事を行っていた荒川放水路（現・荒川）の開削工事で出た土砂で土地を嵩《かさ》上げしています。

敷地東南角の明桜中学南にある豊島公園は、王子工場に物資を運び込むための水路㊳、豊島ドックを埋め立てたものです。ドックという名ですが船が造られたわけではありません。ここから石神井川を介して隅田川まで水路が続いていました。公園内に王子工場についての解説板があります。また水路沿いに陸軍境界石㊴がいくつも残っています。

日本海大海戦の火薬はここで製造

石神井川に突き当たった向こうは、日本たばこ産業工場跡や、公営住宅です。この敷地も王子工場と連携していた二造堀船倉庫です。もともとは1885（明治18）年に設けられた大蔵省の印刷薬品工場でしたが、1895（明治28）年に陸軍所管になり、火薬製造に必要な薬品工場になりました。敷地の南に陸軍境界石㊵が残ります。かつては石神井川の橋を電気軌道が通っており、先の王子工場、十条工場、滝野川工場、さらに板橋工場へと、えんえんとつながっていました。

一造尾久工場跡地に建つ日刊スポーツ新聞印刷工場

西ヶ原

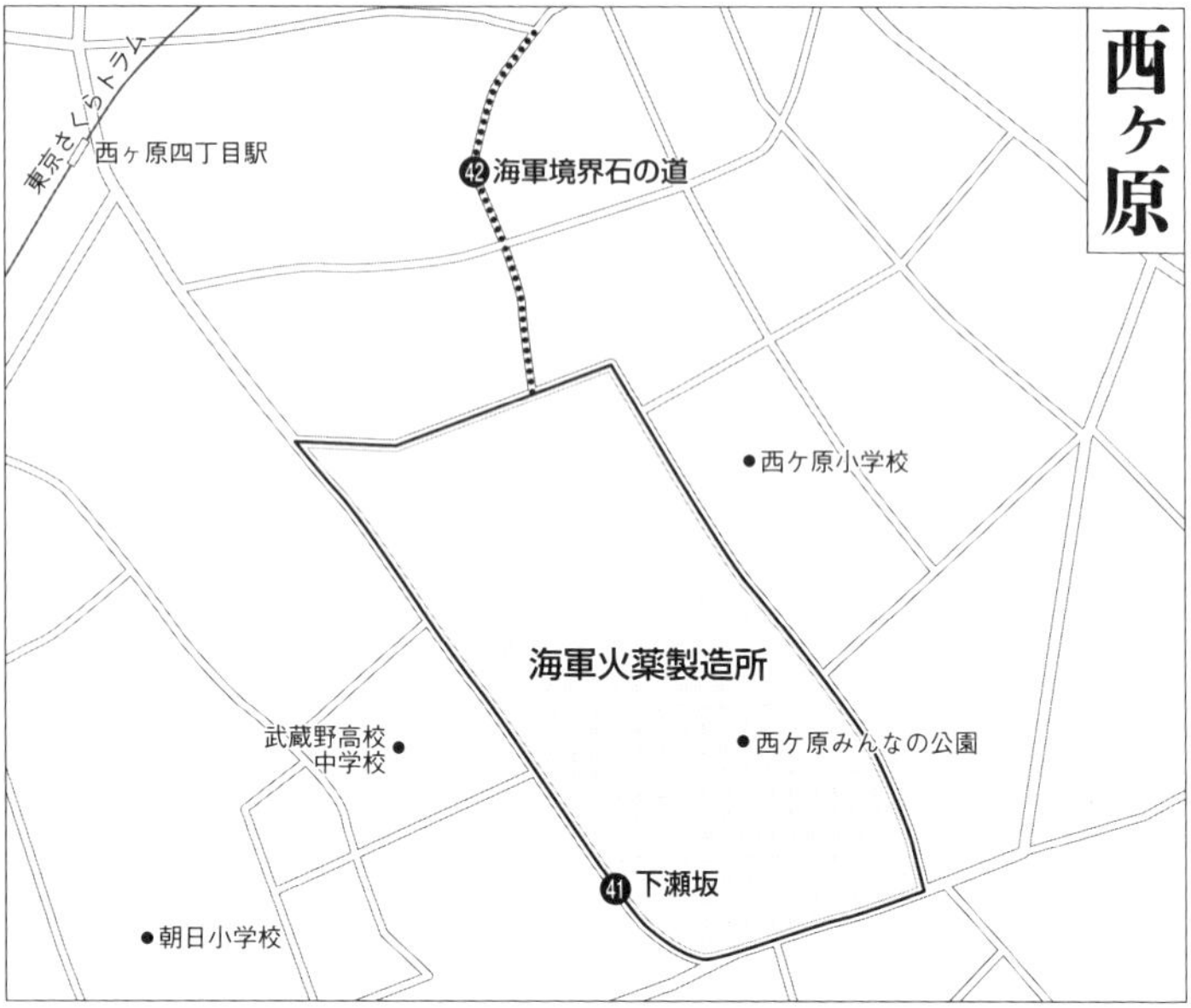

戦争が激しくなると、軍はさまざまな民間施設を徴用して軍需品の増産を図ります。堀船倉庫跡の東へ行くと、隅田川沿いに読売新聞や日刊スポーツの大きな印刷工場があります。ここには戦前、東洋紡績の工場があったのですが、それを１９４１（昭和16）年から徴用して一造所属の尾久工場とし、信管や機関砲の弾丸を造っていました。

さて先ほどの滝野川工場の南には海軍の施設がありました。都電西ヶ原四丁目駅から南東に延びる道を５分ほど進むと、左手に西ヶ原みんなの公園という大きな公園があります。ここには１８９９（明治32）年に造られた海軍下瀬火薬製造所がありました。下瀬火薬は海軍技師の

海軍工場脇の下瀬坂㊶

23区内では珍しい海軍境界石㊷

下瀬雅允《まさちか》博士が発明した炸薬で、非常に爆発力が高く、これで日本は日露戦争でバルチック艦隊を殲滅できたといわれます。

ちなみに「ロシアは黒色火薬を使って視界が悪く、日本は無煙火薬の下瀬火薬で視界が良好だった」などというのは間違い。下瀬火薬は砲弾に仕込む炸薬であって、砲弾を発射する火薬ではありません。日本海軍は確かに無煙火薬を使っていましたが、それは下瀬火薬とは別物です。工場は1914（大正3）年に廃止され跡地は火薬庫になりましたが、それも使われなくなり、1940（昭和15）年には東京外語大が移転してきて戦後も永らくキャンパスがありました。公園には外語大を記念する碑はありますが、火薬工場の痕跡はありません。しかし脇の坂道は今も下瀬坂㊶と呼ばれ、周囲には「海軍用地」との標石㊷が多数あります。

第六章

MASSIVE MILITARY CITY TOKYO 1868-1945

大演習場が広がっていた住宅街

世田谷区など

東京南西部の世田谷区、目黒区は都内でも代表的な住宅地です。しかし明治ごろは畑や原野が広がり、軍の駐屯地が多かった赤坂・六本木と大山街道（国道２４６号）でつながっていたことから、軍の大演習場が作られました。その後も多数の軍施設ができ、街道沿いに並ぶ地域だったのです。

駒場・世田谷公園

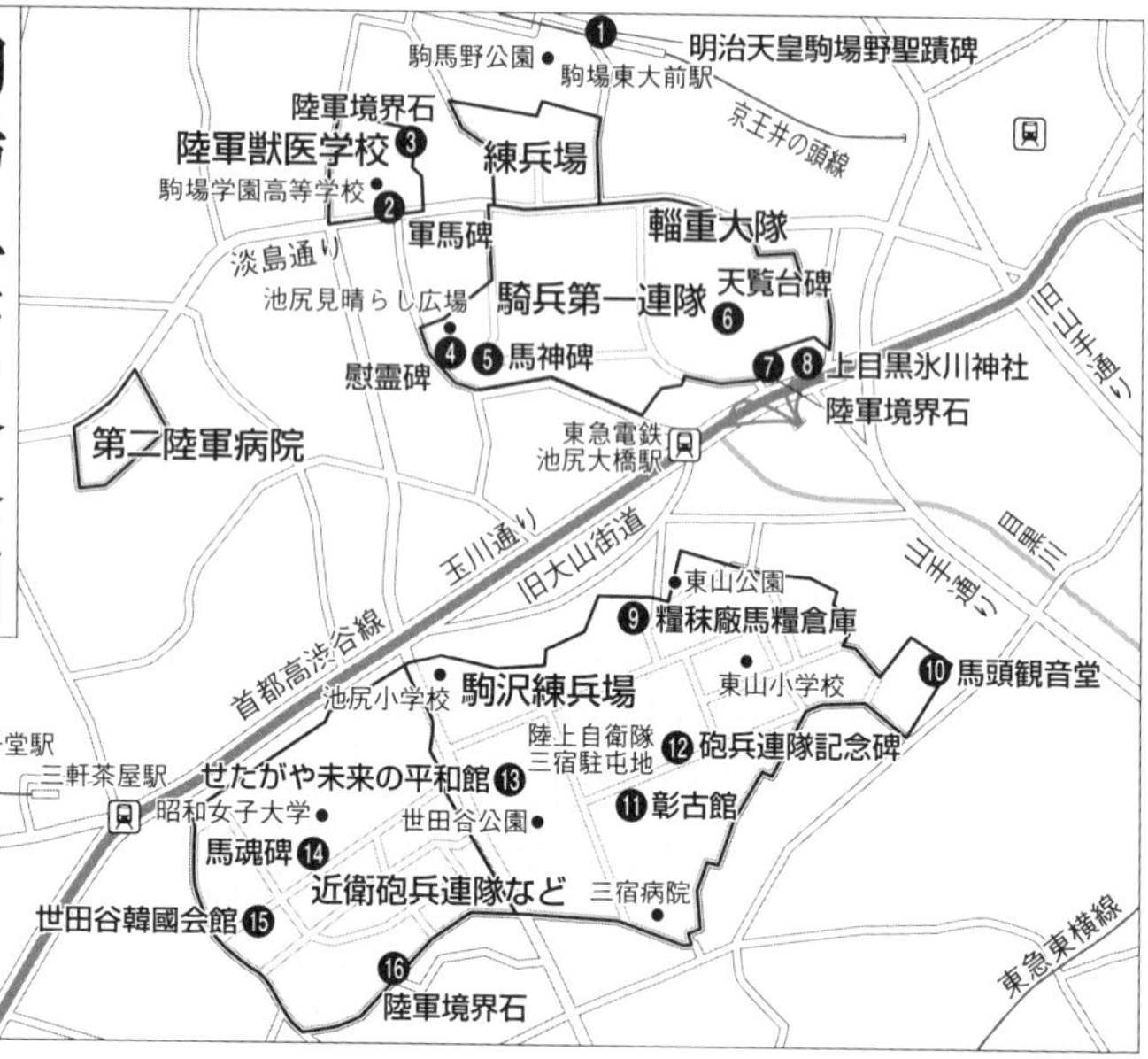

若者の街の代表とも言える渋谷の街ですが、道玄坂裏の一帯は東京でも有数のラブホテル街です。この成立には実は軍の存在が関わっています。渋谷は古くから大山街道（今の国道246号線、青山通り）の道筋でしたが、明治以降、渋谷から世田谷にかけて多くの軍施設が街道沿いにでき、そこの将校たちが上客となった芸者などを上げる料亭街が、道玄坂裏の円山町あたりにできたのです。戦後それらが廃《すた》れると、次々とラブホテルに変わって今のような街になりました。

練兵場だった東大・駒場キャンパス

渋谷から京王井の頭線で2駅、駒場東大前駅から歩き始めます。駅前の東大駒場キャンパス一帯は江戸時代は将軍の鷹狩り場で、南側の駒場野も、将軍の御薬園など幕府の土地として一般人は勝手に使えませんでした。明治になった1870（明治3）年、その鷹狩り場跡で新政府最初の閲兵式が行われます。戊辰戦争後まだ1年、明治天皇が東京に入ってもまだ1年。世情不安定な中で新政府の軍事力を見せつけるためのものでした。

閲兵する明治天皇が、このとき史上初めて一般人の前に姿を現しました。その記念碑が「明治天皇駒場野聖蹟碑」①として駅前の駒場小学校敷地に建っていますが、ふだんは見ることができません。しかし小学校の授業がないときに校門のインターホンから頼めば見せてもらえます。その後、現在の東大キャンパスや駒場公園あたりは農事修学場、のちの駒場農学校用地となります。

駒場東大前駅から京王線の踏切を渡って駒場野公園に入ります。駒場野公園の南側には練兵場がありました。淡島通りに出たら右です。少し先右側に駒場学園高校があります。裏の富士中学

駒場小学校内に残る「明治天皇駒場野聖蹟碑」①

校、西の都営アパートも合わせた場所には陸軍獣医学校がありました。軍の獣医学校ですから、主に馬について学びました。駒場学園の正門裏に、小さな馬の像が載った「軍馬碑」と「陸軍獣医学校跡」という石柱があります②。事務所でお願いすれば見学できます。また1928（昭和3）年に「動物慰霊之碑」が建てられましたが、今は両国の回向院に移転しています。また正門手前の道を右に登っていくと、敷地際に陸軍の境界石③がいくつかあります。

駒場学園正門から道路を挟んで反対側の道を下ってください。目黒川が作った谷を下りきった目黒川緑道に出る少し手前、左側が崖になって、その上に城塞のようなマンションが建っています。注意すると上に登る鉄階段があります。柵と扉がありますが鍵はかかっていません。登ってみると驚いたことに崖の中腹にさまざまな碑があります。柵には「騎兵第一連隊趾」との木札がかかっています。このマンション敷地や背後にある筑波大附属駒場中高、警視庁駒場住宅のあたりが駐屯地でした。

駒場学園正門内に建つ「軍馬碑」。陸軍獣医学校があった②

騎兵第一連隊駐屯地跡に建つ日清・日露戦争戦没者の慰霊碑。裏に建立者として秋山好古の名がある④

秋山好古（出典：国立国会図書館「近代日本人の肖像」）

「坂の上の雲」、秋山好古連隊長の碑

騎兵第一連隊は1891（明治24）年に今の日比谷公園あたりから移転してきます。1893（明治26）年には「日本騎兵の父」と

いわれ、のちに日露戦争でコサック騎兵を撃破する秋山好古《よしふる》が大隊長になります（当時は騎兵第一大隊）。現在も残る一番大きな碑は、1906（明治39）年に建てられた日清・日露戦争戦没者の慰霊碑④ですが、建立者に秋山の名が刻まれています。また日清戦争時の戦死者名を刻んだ1896（明治29）年の碑には「騎兵第一連隊長秋山好古謹記」とあります。

騎兵第一連隊駐屯地は「騎兵山」と呼ばれた眺めのいい場所でした。碑のある場所も斜面の中腹で見晴らしのいい所です。階段の扉や柵に遠慮して、下を通る人はここに登ってこないでしょう。何か寂しげな静けさが漂っていました。

「馬神」碑。下に蹄鉄が並んでいる⑤

目黒川緑道そばまで行くと左側に台地へ登る階段があります。結構な段数がありますが、登り切ると先ほどの巨大マンション正面に出て、敷地の道路角に碑があります。「馬神」⑤と書かれたのみですが、常に供え物や水が置かれ、何より面白いのは馬の蹄鉄《ていてつ》が碑の下に多数並べられている点です。これは1930（昭和5）年に建てられた戦没、病没軍馬を慰霊する碑だそうです。馬が主役の騎兵部隊らしい碑です。

「天覧台」の碑⑥と左後ろが馬場跡のグラウンド

「馬神」碑前の道を崖に沿って東に進みます。左側は近衛輜重《しちょう》大隊駐屯地でした。輜重兵とは物資の輸送や燃料・食糧の補給を行う兵站部隊です。今は駒場東邦中高、警視庁第三方面本部、高齢者福祉施設などがあります。この一角には学校や警察関係の宿舎、施設が非常に多いですが、これは旧軍用地の特徴でもあります。

近年まで近衛輜重大隊などが使った屋内射撃場がありましたが、壊されてしまいました。

その先の下り坂となる三叉路で左側に折り返して登ります。最初の右側の道に入り、進んでいくと広いグラウンドを眼下に「天覧台」の碑があります⑥。このあたり都立駒場高校や警視庁第三機動隊のあたりには第一師団輜重兵第一

習志野駐屯地に移築保存されている旧御馬見所（空挺館）。ほぼ月1回のペースで公開されている

大隊が駐屯していました（のちに連隊）。

ここには1891（明治24）年、まず陸軍乗馬学校が移転してきます。1898（明治31）年に陸軍騎兵実施学校と改称しますが、1916（大正5）年に習志野に移転します。数多くのオリンピック馬術選手を輩出しました。1893（明治26）年には陸軍獣医学校も置かれますが、1909（明治42）年に先ほどの場所に移転します。これらの跡地に1916（大正5）年、輜重兵第一大隊が信濃町（第二章参照）から移ってきます。

明治天皇のお立ち台跡

「天覧台」は明治天皇がここに立って馬術などの観閲をした場所で、風雨を問わず立ち続けた

駐車場脇に残る陸軍境界石⑦

上目黒氷川神社の社殿左奥、
ブロック塀と波板の間からのぞく陸軍境界石⑧

天皇のために建物が建てられていました。この建物は現在も、千葉県の自衛隊習志野駐屯地に移築されて旧御馬見所（空挺館）として現存します。下のグラウンドが馬場の跡です。

　そのまま道を下っていくと、三叉路角に小公園があります。左側に斜面に面した駐車場入口があるのですが、中に入ると斜面側に陸軍境界石⑦があります。さらに降ると国道２４６号です。

　左に行きます。左手に急階段の参道がある上目黒氷川神社があります。戦前はこの境内すぐ裏までが軍用地でした。神社本殿裏手の住宅敷地内に「陸軍省所轄地」の標石⑧が残っているのが見えるのですが、とてもわかりにくいです。

いまだに現役の旧陸軍馬糧倉庫⑨

先ほど降ってきたところの歩道橋で246号線を渡り、池尻大橋駅方面に向かいます。駅の東口出入口の路地を渡ったら、左へ少し登っていく道に入ります。こちらは大山街道の旧道です。そしてまたすぐに左に入り目の前の三叉路を右です。

この道は目黒区と世田谷区の境なのですが、しばらく登った突き当たりの右側に巨大な倉庫⑨が二つ並んでいます。手前は宅配便の集配所、向こうは生協の倉庫です。まったく同じ造りの倉庫ですが、戦前は糧秣廠《りょうまつしょう》馬糧《ばりょう》倉庫で、周辺の駐屯地の軍馬に与える「まぐさ」を保管する倉庫でした。

天井を見ると、今はあまり見ない鉄骨の組み方でレトロ感があります。長さは1棟50メートルほどでしょうか。これほど大きな戦前の倉庫が現役とは驚きです。倉庫裏の墓地手前には「陸軍用地」の石柱があります。

広大だった駒沢練兵場

この倉庫の南西側には、1897(明治30)年にできた広大な駒沢練兵場が広がっていました。現代の施設でいうとその範囲は、東は目黒区の東山中学校、西は世田谷区の池尻小学校まで。北は目黒区の東山公園(先ほどの糧秣廠馬糧倉庫先)から南は三宿病院あたりまでありました。この中に現在は自衛隊三宿駐屯地、自衛隊中央病院、防衛省電子装備研究所など軍を引き継いだ自衛隊施設のほか、世田谷公園や多くの公営住宅、学校などが含まれます。

軍馬の慰霊碑である馬頭観音⑩

練兵場では大砲などの運搬訓練をしたといいます。大砲を急坂で馬に引かせるのですが、それは大変だったそうです。東山中学校横の坂には、犬小屋のように小さな馬頭観音堂⑩がありま す。中の石塔には表に「馬頭観世音」とあり、見えない裏には苫良号と福富号という2頭の馬の名が刻まれています。苫良号は腰椎骨折で、福富号は病気でいずれも1922(大正11)年に死に、第3中隊という部隊が供養のために建てました。訓練の過酷さがうかがえます。

自衛隊駐屯地内には陸上自衛隊衛生学校の彰古館⑪という博物館があります。事前予約・申込書提出が必要ですが、外部の人間も見学できます。明治以来の軍事医学の情報・資料などが展示され、丁寧に説明してくれます。結構刺激的な展示もありますのでご注意

三宿駐屯地内の彰古館入口⑪

三宿駐屯地内の碑のうち野戦重砲兵第八連隊の碑⑫

「せたがや未来の平和館」⑬

移転以前の「馬魂碑」⑭

ください。また駐屯地内には、演習場を使用していた砲兵部隊の記念碑⑫もあります。

三宿駐屯地の向かいには世田谷公園があり、ここも演習場内でした。公園プールの近くに「せたがや未来の平和館」⑬があります。世田谷区立平和資料館で、世田谷区内の軍事施設や空襲の被害、学童疎開などの資料や展示があり、かなり充実しています。このように独立した戦争の展示館を設けている区は少ないです。

その砲兵部隊の駐屯地は西側、昭和女子大や都営住宅があるあたりに、3個連隊もありました。まず1898（明治31）年に近衛砲兵（のち近衛野砲兵連隊、1943（昭和18）年に近衛野砲兵第二連隊）が竹橋から移転してきます。竹橋事件の反乱部隊です。現在の昭和女子

東京世田谷韓國会館となっている旧砲兵連隊兵舎⑮

大、三宿中学校、両脇に隣り合う集合住宅地のあたりが駐屯地でした。その東南に接して1908（明治41）年に野砲兵第一連隊が市ヶ谷台（今の防衛省西側）から移転してきます。都営下馬アパートが建ち並ぶあたりです。さらにその東南には野砲兵第十三、十四連隊がありましたが1922（大正11）年の軍縮で両連隊はいったん廃止され、野戦重砲兵第八連隊として再編されます。

都営アパートは老朽化が進んでいるため順次改築が進んでいます。以前は下馬アパート内の小公園に、軍関係の石造物がまとめられていたのですが、現在は都立青鳥特別支援学校の仮設校舎敷地角⑭にまとまって移転されており、柵内で近寄れません。

以前は地蔵像や馬頭観音碑、「軍馬梨山号」

戦前の陸軍空撮写真。右下に広がるのが駒沢練兵場。その左に連なるのが3個砲兵連隊の駐屯地。中央を斜めに横切るのが大山街道で現在の国道246号。その上が騎兵連隊などの駐屯地。さらに上は、この時代は一高

と書かれた碑などがありました。一番大きな「馬魂碑」は1939（昭和14）年、野砲兵第一連隊留守隊長の建立です。「軍馬ハ我隊将士ノ死生ヲ倶ニスヘキ戰友」「其ノ最後ニ想ヒ到レハ憐憫《れんびん》ノ情ニ堪ヘス」などと書かれています。

青鳥特別支援学校仮設校舎近くには東京世田谷韓國会館⑮がありますが、この建物はなんと野砲兵第一連隊の兵舎でした。この建物だけが残っています。

旧駐屯地南側には陸軍境界石⑯が残っているところがあります。

軍の病院が多かった世田谷区

このほか世田谷区にはいくつか軍用地があり

ました。

田園都市線桜新町駅近くの陸上自衛隊用賀駐屯地や旧国立医薬品食品衛生研究所敷地は、戦前は陸軍衛生材料廠でした。敷地境に、近年建てられた小さな石柱⑰があります。陸軍衛生材料廠とは衛生材料、すなわち医薬品や医療器具などの調達、保管、補給な

陸軍衛生材料廠跡の石柱⑰

陸軍機甲整備学校裏門？の石柱（道の両側の柱）

どを担当する部署です。

用賀駐屯地の北には馬事公苑があり、さらに北には東京農大がありますが、大学キャンパスは戦前は陸軍機甲整備学校がありました。1925（大正14）年に陸軍自動車学校として発足した、自動車の整備・修理などを学ぶところで、1943（昭和18）年には神奈川県相模原市に移転します。

大学の正門門柱は軍時代のものを利用しています。正門右脇の道を進んだ下り坂を降りると、ここにも両側に門柱のようなものが建っており、裏門があったといわれています。目の前を走る道路までが敷地で、道路沿いに陸軍境界石⑱がいくつかあります。

また世田谷区には、軍の病院がいくつかありました。三軒茶屋駅近くの寺院、太子堂裏にそびえるマンション敷地には、1899（明治32）年に開設された東京第二陸軍病院がありました。敗戦とともに厚生省に移管されて国立世田谷病院となり、1965（昭和40）年には小児専門の国立小児病院に衣替えします。その後2002年に世田谷区大蔵にあった国立大蔵病院と統合して大蔵病院敷地に移転し、今は国立成育医療研究センターとなっています。

統合された大蔵病院は、元はといえば東京第二陸軍病院の大蔵分院でした。それがのちに東京第四陸軍病院として独立していますので、再び同じ病院になった形です。

戦前から残るという海軍村の住宅と石柱（電柱右下）

また駒沢大学駅近くのオリンピック公園に隣接して国立病院機構東京医療センターがありますが、ここも戦前は海軍軍医学校第二附属病院でした。

またちょっと変わった軍関係地として「奥沢海軍村」があります。東急線自由が丘駅から南口を出て、10分ほど歩いた奥沢2丁目あたりです。

このあたりは、海軍の親睦団体水交社が作った高級将校向け住宅地でした。海軍省のある霞が関と、艦隊根拠地の横須賀の間にあることなどから、関東大震災後の1924（大正13）年ごろから住宅を作りました。昭和初期の多い時期で30世帯ぐらいが住んでいたそうです。戦前から残るという住宅の前に石柱があります。戦後の住宅と雰囲気の違う住宅がまだいくつか残っています。

第七章

文京区

大兵器工場だったドームシティ

文京区は江戸時代、徳川家ゆかりの大名屋敷が多かった場所です。それらの地の多くは軍用地にされました。名園小石川後楽園で有名な水戸徳川家の上屋敷は銃弾や大砲の製造工場となりました。庭園は危うく破壊を免れましたが、関東大震災までは陸軍の一大兵器製造拠点でした。また「文」の「京《みやこ》」を象徴する文京区の多くの大学敷地も、軍施設だった場所がいくつもあります。

東京ドームシティは、野球場である東京ドームはじめ、ボクシング・プロレスなどが開催される後楽園ホール、場外馬券売り場から、遊園地、スパなどもある大娯楽施設です。そんな場所で昔は大砲が造られていました。

ドームシティの一角に東京ドームホテルがそびえます。その敷地北側、プリズムホール出入口前に大きなレンガの塊が置いてあります。

ドームシティの巨大レンガは軍工場の遺物

これはホテル建設時に地下5メートルから掘り出された、東京砲兵工廠の建物基礎①です。この場所に陸軍の兵器工場があったのです。ホテルの場所はかつての後楽園スタヂアム（後楽

出土した東京砲兵工廠建物基礎レンガ①

園球場）跡地ですが、1937（昭和12）年に球場を建設する際、兵器工場の基礎があまりに強固なので、グラウンド部分は撤去せずに放置していました。レンガモニュメントがあった場所は、後楽園スタヂアムの外野、センター付近でした。

ここに兵器工場が造られたのは明治の初期です。近代的な兵器の製造を急いでいた明治政府は、1871（明治4）年にこの地にあった水戸徳川家上屋敷跡に、兵部省造兵司東京工場を造ります。当初は小銃の弾薬を造る火工所、銃や砲の修理をする銃工所が置かれました。

工場の敷地は今の施設で言うと、東京ドームシティと水戸徳川家の庭園だった小石川後楽園はもちろん、文京区役所、礫川《れきせん》公園、中央大学理工学部、警視庁第五方面本部、大塚特別支援学校などを含む広大なものでした。

その後1875（明治8）年に組織改正で工場名は砲兵第一方面内砲兵本廠となりますが、1879（明治12）年にはさらに東京砲兵工廠と変わります。このころの砲兵工廠には、小銃製造所、銃砲製造所、火工所、大砲修理所、火薬製造所などがありました。銃や砲、弾丸や弾薬を扱っていたのです。この名称の期間が最も長く、1923（大正12）年に陸軍造兵廠火工廠東京工廠となりますが、直後に関東大震災に襲われます。

東京工廠は大変な被害を受け、軍は経費がかかりすぎることなどから復旧をあきらめ、1931（昭和6）年から北九州・小倉などへの移転を始めます。移転が完了した1935（昭和10）年、東京工廠は閉鎖されました。跡地のうち東側は民間に払い下げられ、後楽園スタヂアムができます。ほかの部分もほとんどが軍用地ではなくなりましたが、一部その後も軍用地が残った場所もありました。


小石川後楽園の中にも砲兵工廠の痕跡は残っています。現在、庭園は国の特別史跡で特別名勝になっています。この両方に指定されているのは、金閣寺・厳島など全国に9か所しかありません。

園内中央の大泉水という池の東側に、江戸時代の居酒屋を模した九八屋という建物があります。その横を見ると奇妙な形のものが置いてあります。錆びた金属製ですが、巨大なそろばんの玉のようです。上には歯車のような刻みもあります。

これは砲兵工廠で使われていた小銃用弾丸製造機の部品②だそうです。台座があるので放置したわけではないようで、なぜかここに置かれ

秋の小石川後楽園

後楽園内に置かれている東京砲兵工廠機械部品②

陸軍造兵廠東京工廠跡記念碑③

ています。何も表示がないので、ほとんどの来園者は気づかずに通り過ぎて行きます。

そこから内庭という場所に向かってください。ここは江戸時代には後楽園とは区別された、屋敷の建物に付属する庭でした。その中に形がちょっと変わった碑が建っています。台形の左上に耳がついたような形で「陸軍造兵廠東京工廠跡」③と書かれています。この形は砲兵工廠の敷地をかたどったもので、1935（昭和10）年の建立です。

小石川後楽園を救ったフランス軍人

実は、後楽園は砲兵工廠の建設とともに壊される恐れがありました。水戸徳川家上屋敷を兵器工場にするにあたり、軍は後楽園もつぶして広々とした敷地に工場を建設するつもりでした。地図を見ればわかりますが、後楽園は工場のど真ん中にあり、ここを残しては広い敷地が生かせないのは明らかです。明治初期、他の大名庭園も同じような考えでどんどん破壊されていました。当時の日本は技術的に遅れていたため、工場建設にあたってはお雇い外国人の力に頼っていましたが、それが、結果的に小石川後楽園を現代まで残すことにつながりました。

砲兵工廠建設運営にあたって招かれたのはフランスの軍事顧問団で、中心となったのはジョルジュ・ルボン砲兵大尉でした。彼は1872（明治5）年に27歳で来日し、1876（明治9）年まで4年間、後で述べる諸工伝習所、五章でも紹介した、のちの砲兵工科学校で銃や大砲の技術を教えたり、工場の建設運営、日本の海岸線防備などについて助言しました。

この際、軍の工場造成計画に対しルボンは庭園の保存を強く訴えました。ルボンは当時の陸軍の最高実力者、山県有朋陸軍卿に報告書を出せる立場にあり、この考えは山県の耳にも達しました。

山県有朋（出典：国立国会図書館「近代日本人の肖像」）

山県有朋は無類の庭園好き。東京では自宅だった椿山荘が有名ですが、京都など各地に別荘を造り、素晴らしい庭園を残しています。後楽園は水戸光圀も作庭に大いにかかわった江戸の名園の中の名園でした。そこで山県は「天下の名園を失うには忍びない」として、この部分は残すように指示します。

この話には後日談があり、ルボンは帰国後フランス軍で出世し陸軍中将になります。親日家であり続けたため、明治天皇が亡くなると、その葬儀にフランス大統領名代として36年ぶりに来日します。その際、自身の進言で残った小石川後楽園を散策し、大変満足したということです。

東京メトロ後楽園駅北側にある礫川公園から西、中央大学キャンパスあたりまでは戦前まで引き続き軍用地でした。礫川公園の丸ノ内線沿いの茂みの崖地に、レンガ造りのトンネルのようなものがあります。これは砲兵工廠時代に銃の試射場として掘られたもので、砲兵工廠がなくなっ

機銃弾跡らしきものが残る試射場トンネル外壁

たあとも、ライフル愛好家のための射撃場として、戦後も使われていました。トンネルは280メートルあるといい、お隣の東京都戦没者霊苑や中央大学理工学部の地下まで続いているそうです。トンネルの上には機銃掃射の弾痕のようなものもあります。戦時中はこの辺りに高射砲陣地もあり、そこが攻撃された際のものかもしれません。

文京区に広がっていた軍用地

公園奥の階段を登ると、丸ノ内線側に「諸工伝習所跡記念碑」「陸軍砲兵工科学校、工科学校跡」④という碑が建っています。このあたりから、東京都戦没者霊苑、中央大学理工学部にかけて、1872(明治5)年に諸工伝習所が

東京都戦没者霊苑の慰霊モニュメント

諸工伝習所跡記念碑④

造られました。ルボンが教えた学校です。碑には「近代陸軍技術教育発祥の地」であると書かれています。大砲とその玉をかたどったのでしょうか、碑の真ん中に金属製のオブジェが建っています。

　戦争末期には中央大学敷地を中心に高射砲陣地が造られていました。後楽園スタヂアムにも

地理院タイル（1936年～ 1942年頃）
左下の白っぽいエリアが砲兵工廠。真ん中に小石川後楽園の森と池が見える。
上下に走る2本の道路は左が白山通りで右が本郷通り。本郷通りの右側は東大

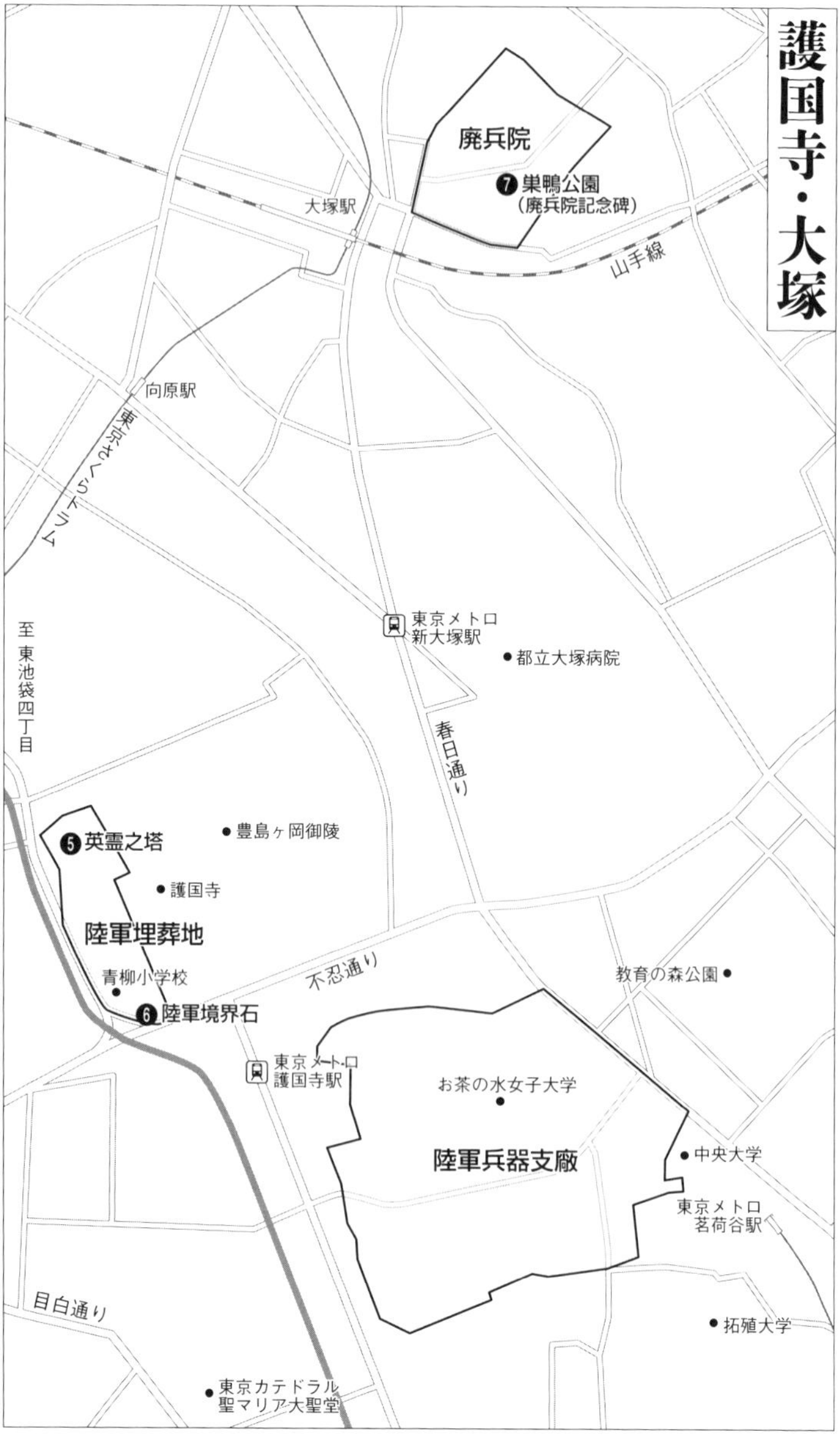
護国寺・大塚
廃兵院
7 巣鴨公園
（廃兵院記念碑）
大塚駅
山手線
向原駅
東京さくらトラム
至東池袋四丁目
東京メトロ
新大塚駅
都立大塚病院
春日通り
5 英霊之塔
豊島ヶ岡御陵
護国寺
陸軍埋葬地
青柳小学校
6 陸軍境界石
不忍通り
教育の森公園
東京メトロ
護国寺駅
お茶の水女子大学
陸軍兵器支廠
中央大学
東京メトロ
茗荷谷駅
目白通り
拓殖大学
東京カテドラル
聖マリア大聖堂

音羽陸軍埋葬地英霊之塔⑤

高射機関砲が設置され、防空の拠点でした。

東京都戦没者霊苑は、慰霊と平和への祈りを込めて1960（昭和35）年に建てられたものです。館内には兵士の手紙などが展示されています。時間の余裕がある方は入ってみてはいかがでしょうか。

後楽園駅で丸ノ内線に乗り、一駅隣の茗荷谷駅で降りましょう。茗荷谷駅から春日通りを北に進むと、お茶の水女子大や跡見学園など多くの学校がある地域が広がります。文京区らしい文教地帯です。

この一帯は江戸時代、幕末に老中安藤信正を出した平藩安藤家の下屋敷でした。明治維新後は土地を取り上げられ、陸軍の馬病院が造られます。1890（明治23）年には弾薬庫になり、1908（明治41）年に兵器支廠となりま

縮小された陸軍墓地

す。兵器支廠は弾薬や兵器の補給を担当した部署ですが、1928（昭和3）年に移転します。そしてその後、さまざまな学校が移転してきました。

歩くと少し距離がありますが、春日通りを進み、不忍通りで左に下ると護国寺の門前に出ます。本堂の左手に進んで行くとその先は広大な墓地が広がっています。

その一番左奥に、フェンスで囲まれたまばらに墓石の建つ墓地があり、奥のお堂に「音羽陸軍埋葬地英霊之塔」⑤と書かれています。敷地がゆったりとしているためここだけ木々が茂り、遠くからでもこんもり見えます。敗戦まではもっともっと広大な、一万坪もある陸軍墓地がありました。

陸軍省と書かれた標石（左下）⑥

護国寺は徳川綱吉創建で徳川氏とゆかりの寺でした。維新後はそれが災いし、境内の東半分が皇族墓地として取り上げられます。

さらに境内西の部分も、1873（明治6）年に陸軍埋葬地として取り上げられます。この年、在職中に亡くなった軍人は陸軍の墓地に葬るとの規定ができたのです。「在職中」という条件ですから戦死に限りません。病死も含まれます。規定ができたのは軍人に死後も特別な地位を与えるというよりも、この年に徴兵制が始まり、兵営で病死する者が相次いだため、墓ぐらいは軍で面倒見よう、という事情だったようです。

墓は今の感覚からすると小さく、また兵卒と下士官では墓石の大きさが違いました。兵卒は高さ二尺（約60センチ）で五寸四方（約15センチ）、下士官は二尺五寸（約75センチ）で六寸四方（約18センチ）です。士官は好みの墓石を自由に建てることができました。死んでまでも階級で区別されるというのはなんだか情けない気もします。

この墓地には近衛師団など東京の部隊で亡くなった軍人が葬られました。２４００人ほどが葬られていたといいますが、今は有縁の40人ほどの墓しかありません。戦後、墓地は護国寺の所有に戻りましたが、しばらくは戦前のままだったようです。ところが首都高建設のため、護国寺門前にあった青柳小学校が移転しなければならなくなりました。そこでこの墓地が目をつけられます。

１９５７（昭和32）年に墓地は改葬され、現在の場所に小さくひとまとまりにされました。そして空いた場所を区が買収し、１９６０（昭和35）年に青柳小学校が移ってきます。首都高建設のために墓を改葬し、墓跡に子供たちを通わせたわけです。

同校入口の坂は陸軍埋葬地の参道だったと思われます。また入口付近には、埋葬地時代に作られたらしい壁や柵が今も残ります。さらに手前の入口付近には、「陸軍省」との標石⑥も残っています。

現在残っている墓石を見ると、「旅順口で戦死」（１８９４年からの日清戦争）、「西シベリアで戦死」（１９１８年からのシベリア出兵）などの記述も見えますが、圧倒的に多いのは戦死でな

廃兵院跡の碑⑦

く、病死です。墓地前の「由来の碑」には「勇戦敢闘され、国に殉じた」とありますが、誤解を招く表現かもしれません。

「廃兵院」は移転して21世紀まで続いた

護国寺から池袋方向に向かうと、東京さくらトラム（都電荒川線）の東池袋四丁目駅があります。ここから大塚駅まで行きましょう。駅の東、5分ほどのところに区立の巣鴨公園があります。上下段に分かれた公園で、その上段の木の中に「廃兵院」跡の碑⑦があります。

碑には「護れ傷兵　忘るな武勲」と書かれています。戦場で傷つき病気になった将兵がリハビリなど予後の生活を送る施設です。日露戦争

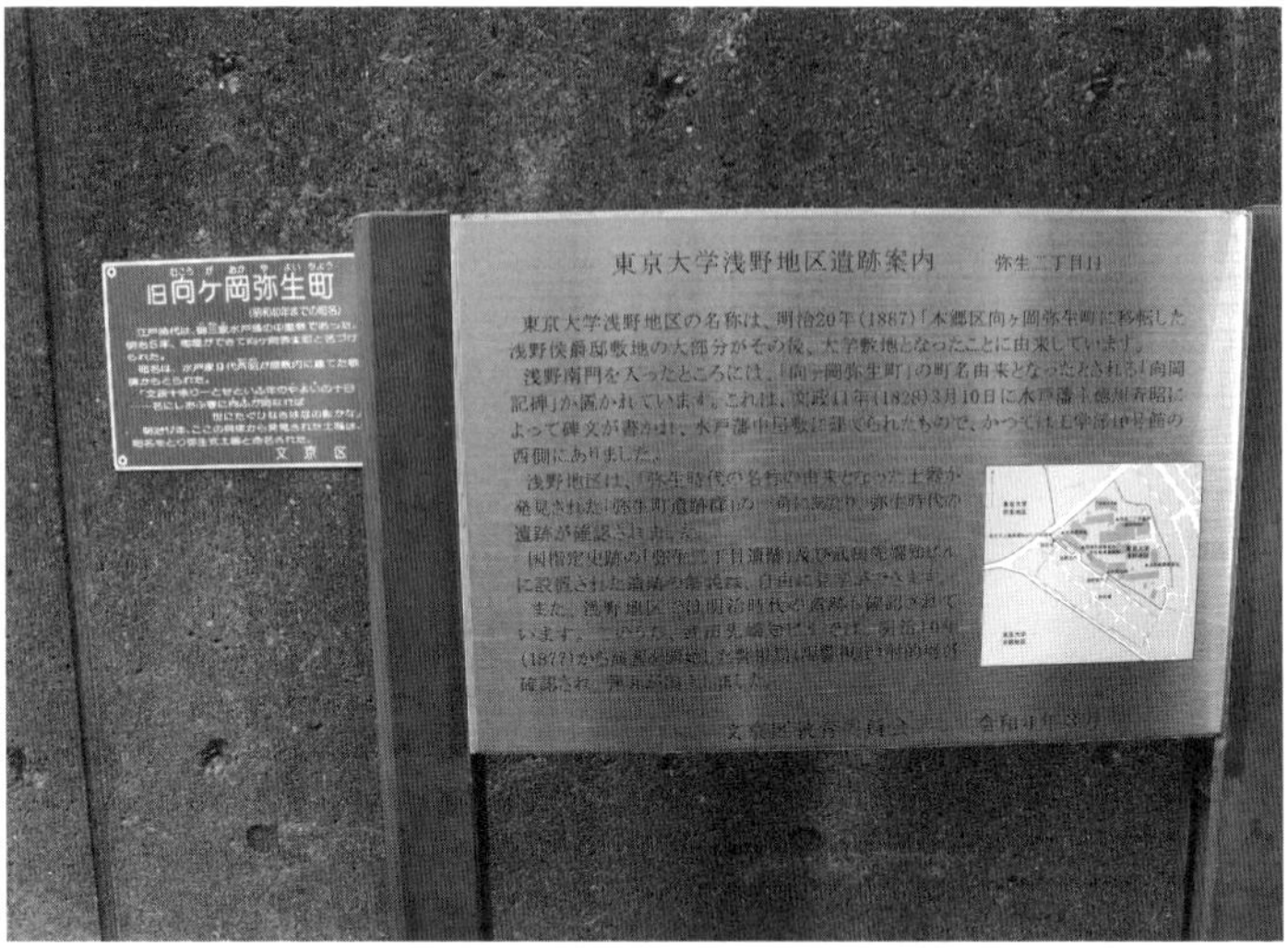

警視局射的場などにも触れられた東京大学浅野地区遺跡案内⑧

の際に数万人もの負傷兵が出ますが、中には体の一部を失い普通に働けなくなった兵も多数出ました。

このため1906（明治39）年に廃兵院の設置が決まります。この場所は江戸時代は水戸徳川家の分家である常陸府中藩の下屋敷があり、その跡地を利用した2万坪もの敷地に図書室、温室、運動場などを備え、さまざまな職業訓練や趣味の習得ができました。同様の施設は全国に作られました。

名前に違和感を覚える方も多いと思いますが、フランスの同様施設を「廃兵院」と訳したのを、当初はそのまま冠しました。1934（昭和9）年に「傷兵院」に変わります。さらに1936（昭和11）年に大塚の傷兵院は小田原市、現在の国立病院機構箱根病院の場所に移転します。ここでは脊髄損傷などで障害を負った将兵の治療を重点的に行ったようです。

そして驚くのは、最後の傷痍軍人の入院が終了したのが2008年だということです。この入院患者が退院をしたとは思えませんが、戦後63年、おそらく人生の大半を病院で過ごされたのでしょう。戦争が奪うものの大きさを感じます。


少し離れていますが、東京大学近辺にも軍関連施設がありました。大塚駅から山手線で駒込駅に行き、東京メトロ南北線で東大前駅に行きます。東大前駅すぐの農学部の弥生キャンパスと本郷キャンパスの間の言問通りを、工学部の浅野キャンパス方面に行きます。浅野キャンパス正門に向かう路地の角を入った左側に、「東京大学浅野地区遺跡案内」⑧という案内板があります。

その中に「警視局（現・警視庁）射的場が確認され、弾丸が出土しました」とあります。地図で場所が示され、射的場は浅野キャンパスを掠める南西側の広大な住宅地一帯にあったようです。というかそもそも射撃場のための広大な四角い土地が、その後住宅地になったのです。

江戸時代にはこの場所は水戸徳川家中屋敷の一部だったのですが、維新後東大用地として政府のものとなったあと、1877（明治10）年に警視局の射的場（射撃場）ができます。「それじゃあ警察の施設で軍ではないでしょう」と思われるかもしれませんが、このころは警察と軍の境界があいまいでした。

またこの射撃場では拳銃ではなく、軍用の小銃の射撃訓練をしました。警視局はそのころ頻発していた士族反乱を鎮圧する部隊として期待されており、その訓練のために射撃場も造られたのです。西南戦争が起きると、ここで訓練した警察官たちが川路利良陸軍少将兼大警視（いまの警視総監）に率いられ、九州を転戦しました。

西南戦争後に射撃場は宮内省の管轄となり、東京共同射的會社（現・日本ライフル射撃協会）が利用しました。その後射撃場は大森に移ってここは廃止され、住宅地となりました。

第八章

スパイ学校、特攻基地、防空陣地もあった

練馬区・中野区・荒川区・葛飾区など

これまで紹介してきた七章の地域以外にも、23区内には各所に軍の施設がありました。そのうちの主だったものを紹介します。練馬区には特攻機の発進飛行場があり、中野駅前の再開発地は軍用地で、有名な陸軍中野学校がありました。そのあたりから杉並区にかけては、異様に細長い軍用地が続き、荒川区には大軍服工場、葛飾区には高射砲陣地跡が残ります。

光が丘

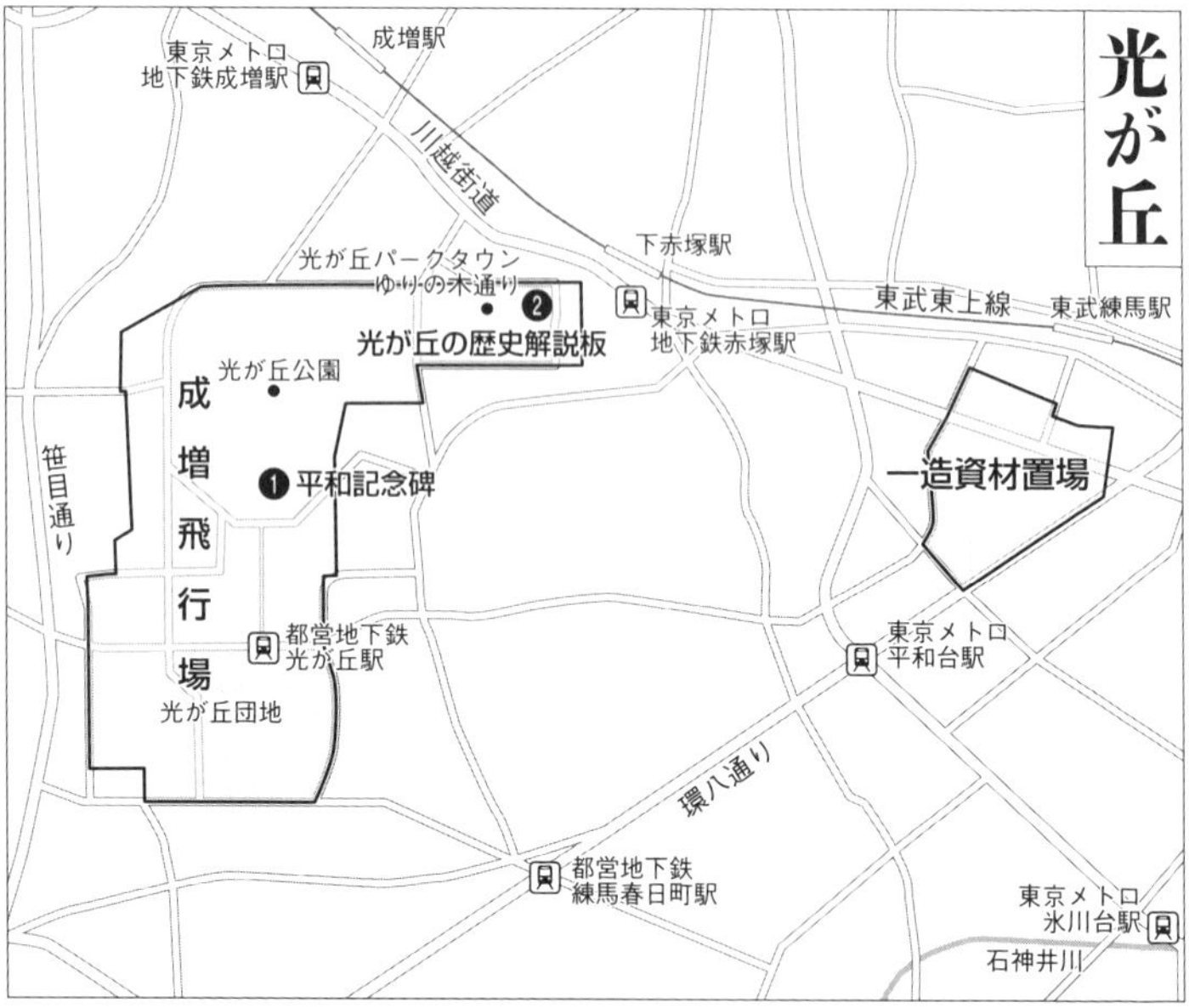

特攻機も発進した成増飛行場

23区内にも軍の飛行場があり、そこから特攻機も発進していたことをみなさんご存じでしょうか。それは練馬区の光が丘にありました。

1942（昭和17）年、太平洋上の航空母艦から発進したB25が東京を奇襲爆撃したことに驚いた軍は、あわてて首都防空用の飛行場を突貫工事で造ります。これが成増飛行場で、今の光が丘団地すべてがその敷地で、面積は181万平方メートルもありました。

都営大江戸線光が丘駅で降りて地上に出ると、駅前から南北に歩行者専用の広い緑道が延びています。ほぼこの道沿いにかつて滑走路がありました。北へ行きましょう。光が丘公園内

光が丘公園にある「平和への祈り」碑①

の区立図書館と体育館の間に平和記念碑①があり、「平和への祈り」との題字の下に「帝都防衛のため　多くの若い生命が空に散っていった。地元住民にとっても　農地を強制買収され基地造りに動員された忘れがたい地である」と書かれています。

東京に襲来するB29は有効な迎撃手段がなく、ここから飛び立った戦闘機の中にも体当り攻撃を仕掛ける特攻機がありました。

公園の北東、板橋区側の団地「パークタウンゆりの木通り」の一角には、土地の変遷を地図とともに記した説明板②があります。飛行場以前の様子から、飛行場の建設、米軍が住宅として接収したグラントハイツ時代、光が丘時代と地図があり、滑走路の位置などがわかります。

もう一つ意外なものが残っています。この案

「パークタウンゆりの木通り」にある土地の変遷案内板②

内板近く、光が丘公園外の住宅街の中に、爆撃から航空機を守る掩体壕《えんたいごう》（戦闘機の格納施設）が一つだけ残されているのです。23区内ではここだけでしょう。厚さ数十センチものコンクリートでかまぼこ状の屋根を作り、その下に戦闘機を格納して守ったのです。戦時中は飛行場の敷地の外にも、多数の掩体壕が散らばっていました。

なんと今は一般住宅の基礎に使われて残っています。かまぼこ屋根の上に2階建てのように住宅が建ち、飛行機が格納された空間は物置に使われています。光が丘団地を造成する段階では多数の掩体壕が残っていたといいます。せめて一つぐらいは、きちんと保存できなかったのかと残念です。

また光が丘に近い現在の陸上自衛隊練馬駐屯

戦後まもなく空撮された成増飛行場。左側の上下に伸びる線が滑走路跡。すでに北側には米軍住宅の建設が進んでいる

地に、戦前は東京第一陸軍造兵廠の練馬倉庫がありました。

スパイ学校があった中野駅前

さて今度は中野区に移動しましょう。中野駅北口は再開発が進行中です。区役所は移転し、中野サンプラザは閉館しています。西側には中野四季の森公園が広がり、明治大学、帝京大学、早稲田大学と三つの大学の施設が並ぶ都内でも珍しい大学の街になりました。

このあたりは、江戸時代の五代将軍綱吉の時、江戸の野犬を保護して飼った犬屋敷がありました。30万坪の敷地で10万頭の犬を飼っていたそうです。犬たちの像③が中野区役所裏の緑地広場にあります。

犬屋敷の犬たちをイメージした像③

明治維新後は軍用地となり、1897（明治30）年から鉄道大隊、気球隊、電信隊などが駐屯します。鉄道大隊は戦地で鉄道を敷設・修理する部隊で、中野駅近くから細長い訓練地を確保していました。その幅は30メートルから50メートルで、今の杉並区の日大二中、二高あたりまで約2・5キロも続いていました。鉄道大隊は1907（明治40）年に移転しますが、この細長い土地は引き続き電信隊の訓練地として使われます。

さて鉄道大隊も気球隊もいなくなった跡にやってくるのが、有名なスパイ学校陸軍中野学校です。1938（昭和13）年に防諜研究所として設立され、翌年中野に移ってきます。1940（昭和15）年に陸軍中野学校となり、中国や東南アジアでスパイ活動、ゲリラ戦指導を行いました。年配の方なら市川雷蔵主演の映画シリーズを懐かしく思い出されるでしょう。

戦後はこの敷地の大部分が警察用地になります。警視庁警察学校や警察庁の警察大学校がありました。これらは2001年に移転し、その後現在のような再開発が続いています。その一環で2008年に移転してきた東京警察病院内に、「陸軍中野学校趾」④の碑がひっそりと残っています。

「陸軍中野学校趾」碑④

気象神社も軍の名残り

細長い土地はどうなったのでしょう。一時は飛行場を作ろう、との構想も戦前にあったようですが、さすがに周囲の宅地化が進んでおり、これは断念されました。敗戦後は周辺住民に払い下げられ、今は大部分が住宅です。

しかしこの軍用地の痕跡は環七の大和陸橋あたりからたどることができます。歩いていくと途

陸軍気象部などがあった馬橋公園

陸軍気象部から移された気象神社⑤

高円寺周辺にいまだに残る陸軍境界石

中馬橋公園という大きな公園があります。ここには１９２５（大正14）年に陸軍通信学校が作られました。敷地は南側の馬橋小学校、公務員住宅、マンションなども含んでいました。通信学校は１９３８（昭和13）年に神奈川県相模原市に移転し、跡地には陸軍気象部が置かれます。敗戦後は中央気象台研究部、さらに気象庁気象研究所となりますが、１９８０（昭和55）年に移転し公園などに生まれ変わりました。気象部には全国でも唯一の気象神社⑤が建てられましたが、戦後高円寺駅南口の氷川神社に移されました。今も気象予報士試験合格祈願などに人気ですが、もともとは軍の神社だったのですね。

　そしてこの馬橋公園周辺にはこれまでもたびたび出てきた「陸軍用地」などの標石がたくさんあります。怪しいものも含めると20本以上あります。

日本の毛織物産業は軍需から

荒川区には軍と産業の関係を示す興味深い施設がありました。

常磐線・東京メトロ・つくばエクスプレスの南千住駅を降りて旧日光街道を北に進み、南千住交差点で国道4号を横切って渡ります。少し進むと左手に大きなスーパーが見えてきます。その敷地手前側に、不釣り合いな古いレンガ塀が続いています。

これは1879（明治12）年に造られた「千住製絨所《せいじゅうしょ》」という陸軍所轄の毛織物工場の塀でした。スーパー角のあたりが正門⑥でした。

工場ができた明治の初め、まだ日本の毛織物工業は未熟で、ドイツで長年毛織物技術を学んだ

千住製絨所のレンガ壁⑦

千住製絨所創設者、井上省三の像⑧

井上省三がここに工場を造り、国産の生地生産を軌道に乗せるよう努力しました。

毛織物は寒冷地の軍服には必須でしたが、日本には羊がおらず、毛織物産業がありませんでした。所属としては軍でしたが、民間への技術移転にも努め、日本の毛織物工業発展に貢献したといいます。

スーパー前の道を道なりに進んで突き当たりを右に行くと、都立荒川工科高校の裏にも同様のレンガ塀⑦がえんえんと続きます。また左に行くと、荒川総合スポーツセンター前に、工場稼働7年後、わずか42歳で亡くなった井上の胸像と顕彰碑⑧があります。その脇には「日本羊毛工業発祥の地」とのモニュメントもあります。脇に羊がいます。このように明治の初期には、軍需と工業化が切り離せない面もありました。

高射砲台座が残る青戸

東京は首都であり、皇居もあるため、特に戦争後期は防空施設が極めて多数作られました。1944（昭和19）年、主として東京周辺防空のために高射第1師団が編制され、師団司令部は今の国立科学博物館日本館が徴用されて使われました。しかし実際の高射砲陣地で痕跡が残っているところはほとんどありません。高度成長以降の激しい都市改造などで多くが消えてしまいました。

ここでは驚きの痕跡を一か所だけご紹介します。葛飾区の京成線お花茶屋駅で降ります。北東に徒歩10分ほど。区立白鳥小学校の裏あたりにある駐車場敷地をよく見ると、コンクリートが円形に敷かれ、中心の同心円部分だけアスファルト舗装になった場所があります。これは戦争末期

青戸高射砲陣地の高射砲台跡

に設置された青戸高射砲陣地の高射砲台跡です。ここだけではありません。近くの民家の土台などにいくつか高射砲の台座が残っているのが確認できます。

陣地は6門の砲を20メートルほど離して半円形に配置するのが通常です。半円の弧は、想定侵入方向を向いていました。高射砲の台座は分厚いコンクリートで作られているため壊すのが大変で、大きなビルを建てるわけでもなかったこの地域では、撤去を断念したものが多かったのでしょう。

杉並区の都立高井戸公園あたりには、敗戦間際に15センチ高射砲という高性能の高射砲が2門だけ配備されました。その場所ははっきりせず跡も残っていません。日本軍は防空戦への備えを軽視していたため高射砲の多くは旧式で、

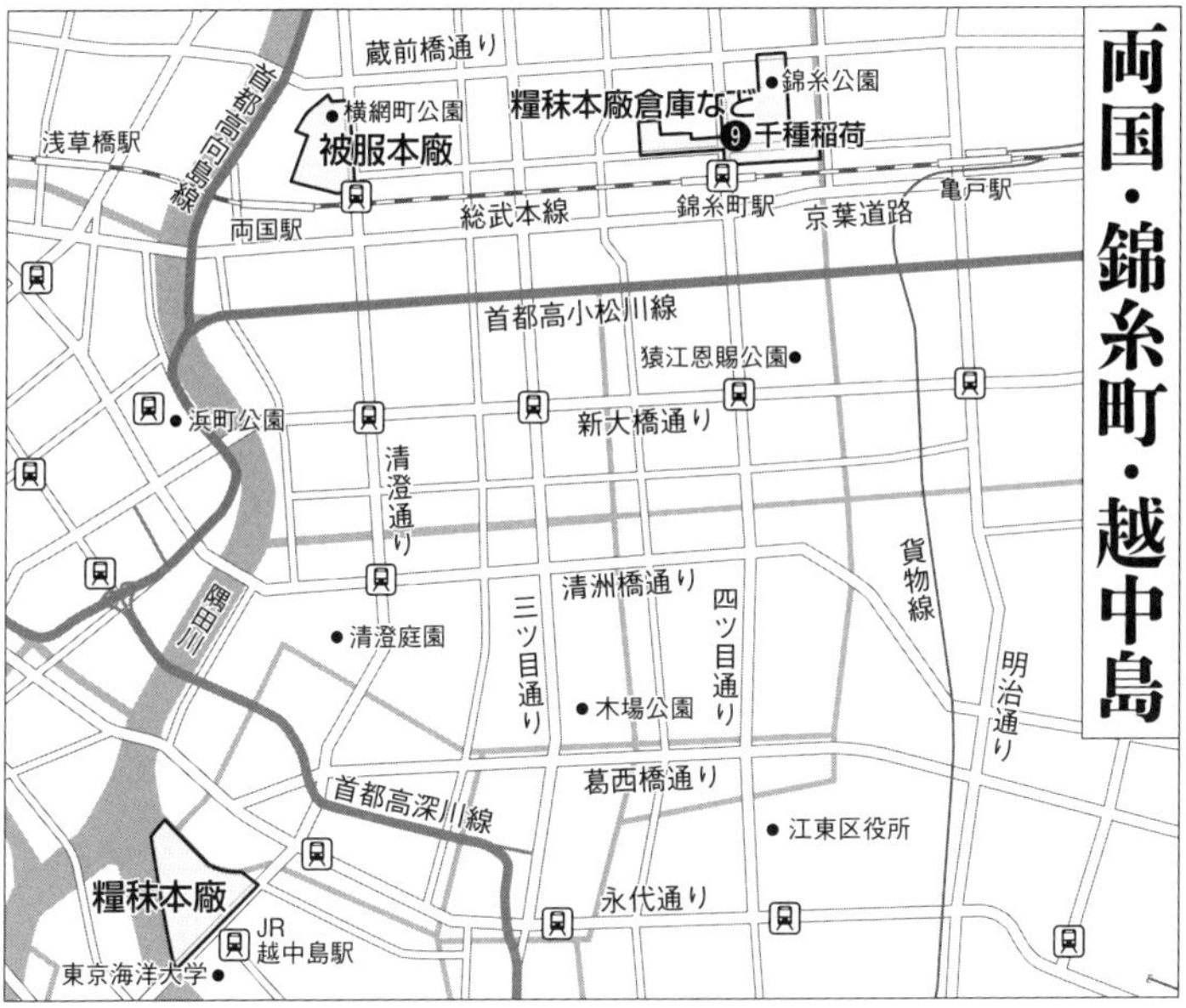

レーダーなどの配備も遅れていました。このため当初のB29の高高度爆撃には射程が届かず、のちの夜間低空爆撃にはレーダー不足等で対応できず、有効な迎撃はほとんどできませんでした。

補給の拠点だった本所・深川

JR両国駅北側には、江戸時代には御竹蔵《おたけぐら》という広大な倉庫が広がっていました。隅田川から手の形のように多くの堀割が入りこみ、名前のように江戸の初期には竹などの建築資材を保管していましたが、その後は米の貯蔵が中心になりました。明治政府は維新後、そのまま陸軍の倉庫として利用します。今の横網町公園、第一ホテル両国、日大第一中高、両国中学校、

被服廠跡に建てられた復興記念館

NTTドコモビルのあたりです。

1886（明治19）年、軍はこの一角に被服廠を設置し軍服などの生産を始め、1908（明治41）年には被服本廠と改称します。しかし敷地が手狭になったこと、またすでに1891（明治24）年にできていた赤羽の倉庫と分かれて効率的でないことから、1919（大正8）年から工場は赤羽に移転します。跡地は1922（大正11）年に東京市などに譲渡され、公園などの工事が始まった矢先、関東大震災が起きます。

広大な空き地に多数の人が避難してきましたが、家財道具を大量に持ち込んでいた人も多く、火の粉が燃え移って火事となりました。さえぎるものがなかったことから火災旋風が起き、この場所だけで3万8000人が焼死しま

錦糸公園の一角にある千種稲荷神社⑨

した。地震発生4時間後のことです。

震災後作られた横網町公園には、復興記念館やその後の空襲死者も含めた東京都慰霊堂が建てられています。東京都民はぜひ訪れたい場所です。

両国駅隣のJR錦糸町駅前には、糧秣本廠の倉庫がありました。糧秣本廠とは部隊の兵員や軍馬に食料や飼料を供給する部署です。駅の北側、今の錦糸公園あたりは兵器支廠倉庫として軍事物資が貯蔵されていました。

糧秣廠には大量の馬の飼料、特に干し草が保管されており、市街化が進むにつれて火災の心配が高まりました。このため1925（大正14）年に千葉県流山市へ移転します。その後西側は市街地になり、東側は駅前の錦糸公園になりました。公園の駅寄り角には千種《ちぐさ》稲荷⑨という神社があり、これは軍用地時代もその中にありました。ちなみに移転した流山にも字の違う千草稲荷があり、移転時に錦糸町の神社を移したとの話もあります。「千草」は「干し草」のもじりだとも言います。

糧秣本廠は現在の越中島付近に置かれていた時期がありました。今は痕跡はありません。

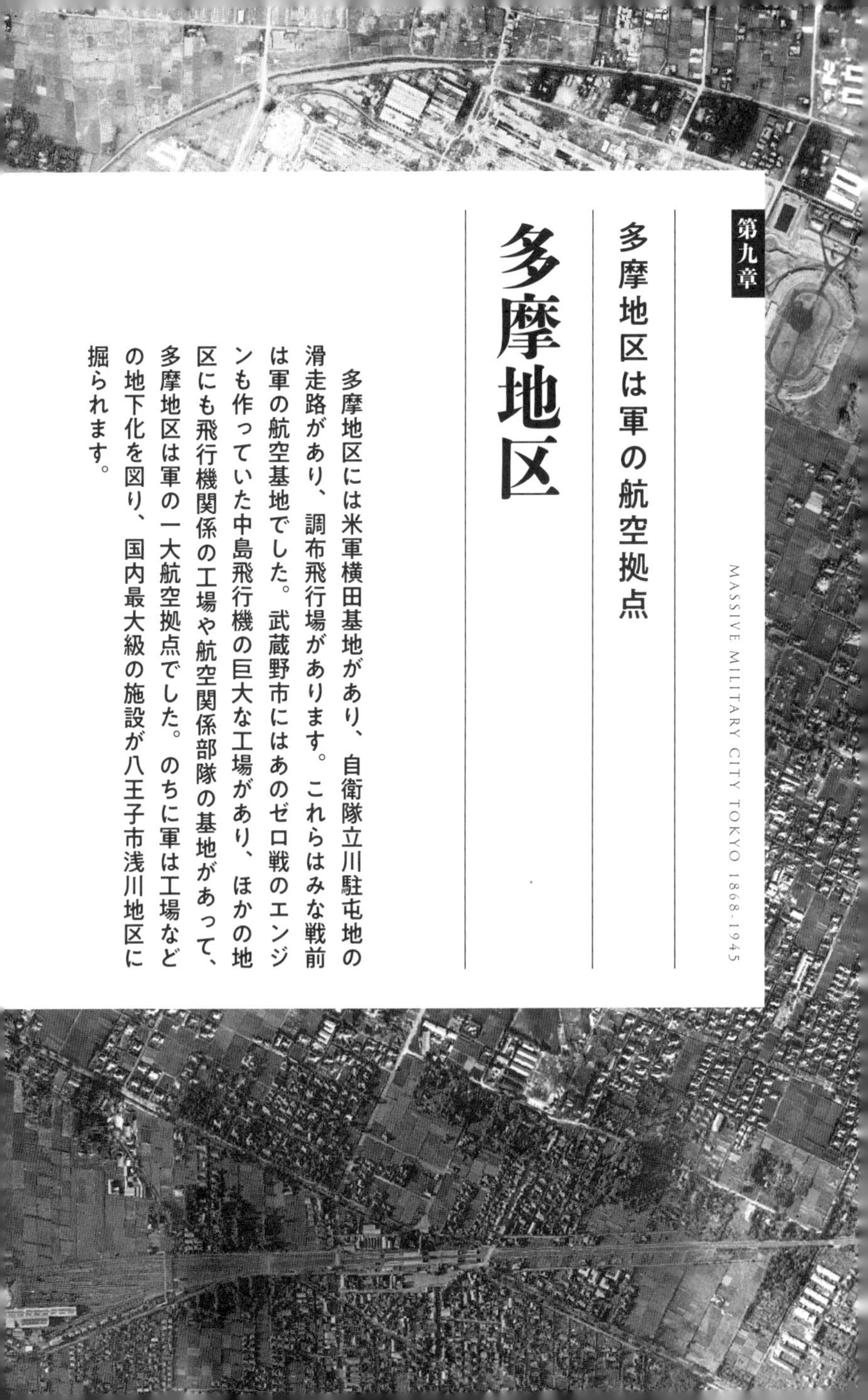

第九章

多摩地区

多摩地区は軍の航空拠点

多摩地区には米軍横田基地があり、自衛隊立川駐屯地の滑走路があり、調布飛行場があります。これらはみな戦前は軍の航空基地でした。武蔵野市にはあのゼロ戦のエンジンも作っていた中島飛行機の巨大な工場があり、ほかの地区にも飛行機関係の工場や航空関係部隊の基地があって、多摩地区は軍の一大航空拠点でした。のちに軍は工場などの地下化を図り、国内最大級の施設が八王子市浅川地区に掘られます。

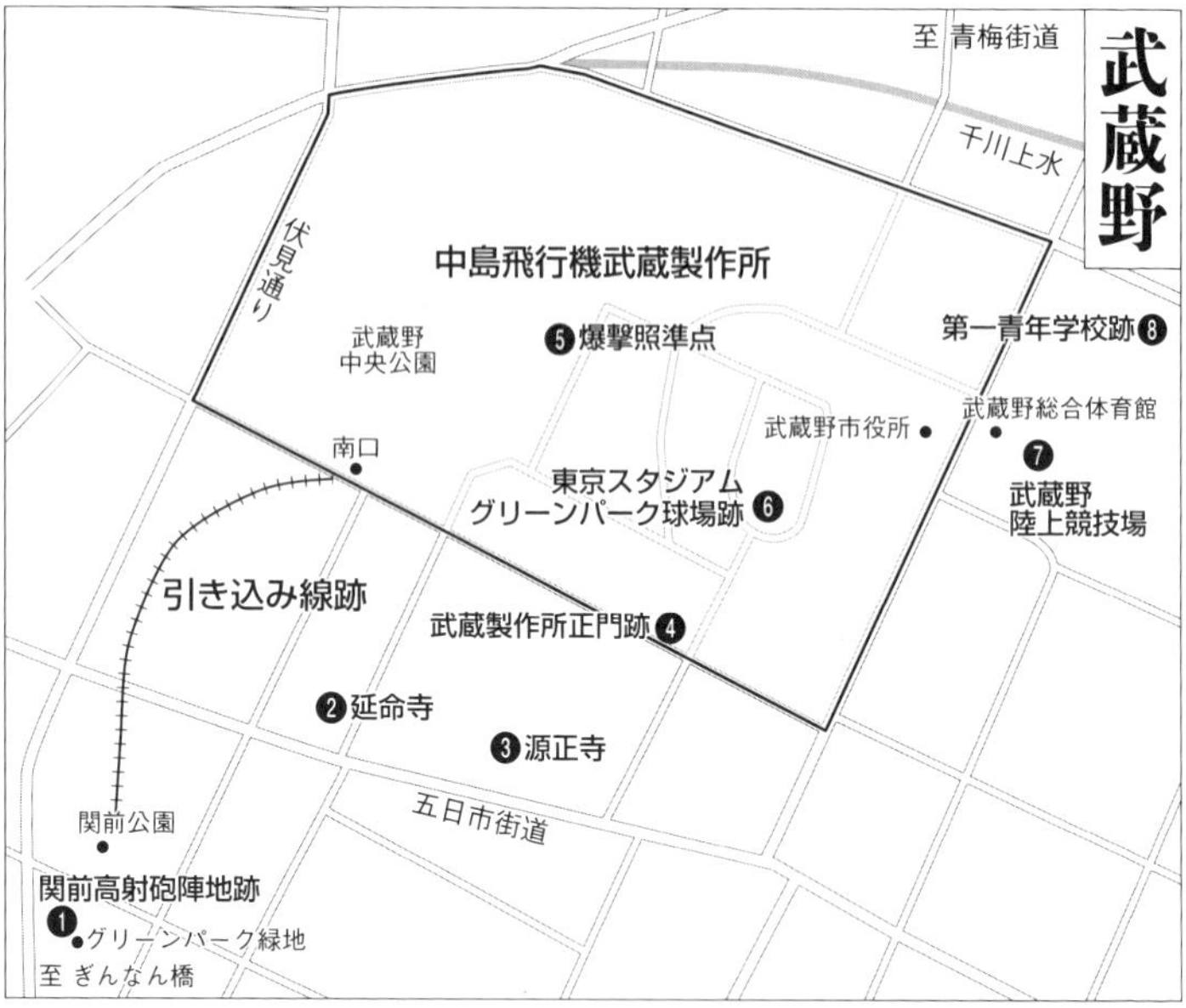

ゼロ戦エンジン工場があった
武蔵野市

武蔵野市の都立武蔵野中央公園や、隣接する市役所・ＮＴＴの研究所・住宅団地などの一帯には中島飛行機の武蔵製作所がありました。中島飛行機は海軍軍人だった中島知久平が１９１７（大正６）年に設立、戦前の日本を代表する航空機メーカーでした。「隼《はやぶさ》」「疾風《はやて》」などの戦闘機を開発生産しています。

武蔵製作所は１９３８（昭和13）年に開設された航空機のエンジン工場です。ゼロ戦を開発したのは三菱重工ですが、エンジンは中島飛行機製で、この工場でも生産されました。武蔵製作所は中島飛行機の主力工場であり、最盛時に

三鷹駅北口広場にある北村西望作の、平和を祈念した「世界連邦平和像」

は5万人が働き、面積は56万平方メートル。日本の軍用航空機エンジンの3割を生産していました。

このため戦争末期には米軍の爆撃目標となり、1944（昭和19）年11月から敗戦まで、9回の攻撃にさらされています。この結果工場は壊滅、従業員は200名以上が亡くなり、巻き添えで周辺の数百人の市民が亡くなりました。

三鷹駅から工場跡をたどりましょう。駅北口は武蔵製作所のために開設されました。駅前には戦後、市内に住んだ北村西望作の「世界連邦平和像」があります。

玉川上水沿いの桜通りを西北に進んでいくと、境浄水場の手前にぎんなん橋が架かってい

線路跡をイメージした「ぎんなん橋」

武蔵製作所について触れた休憩所の解説板

武蔵野中央公園とその由来プレート

ます。ここには中央線から分かれて武蔵製作所に続く鉄道引き込み線が通っていました。現在の橋は戦前のものではありませんが、解説板があり、歩行者用の橋の上には2本のレールが敷かれています。

引き込み線跡には緑道が整備されており、そこを歩きます。途中で広い公園に出ますが、戦時中は武蔵製作所を守るための高射砲陣地①がありました。陣地は成蹊大学や武蔵野赤十字病院敷地にもありました。解説板がありますが、武蔵野市は工場跡地や周辺に多くの案内板を整備しています。

緑道をさらに進んだパーゴラのところにも、引き込み線についての解説板があります。工場は敗戦でなくなりますが、戦後跡地に野球場ができて、引き込み線は観客輸送のためにしばらく使われました。

緑道は都立の武蔵野中央公園南口に出ます。工場跡西半分は米軍に接収され、米軍宿舎「グリーンパーク」となり、1973（昭和48）年に返還されます。その後1989年に公園化されました。南口近くに公園の歴史が大きなプレートに書かれ、武蔵製作所について触れられています。

公園南側の道路を進み最初の信号を右に行きます。広い通りに出て右に行くと延命寺②入口があります。奥の境内に平和観音像があり、武蔵製作所爆撃による周囲の被害や、檀家の戦没者・爆撃犠牲者の名前が刻まれています。

1944（昭和19）年12月3日の爆撃では、一家が全滅したことが記されています。34歳の父、27歳の母、6歳、3歳、1歳の5人です。寺も爆撃で被害を受け、住職も子供の頃逃げ惑ったそうです。一家が同じ防空壕に入ると万一の時全滅となるため、跡取り息子だけ別の防空壕に避難

延命寺にある平和観音像。右脇に犠牲者の名が刻まれている②

身元不明爆撃死者の墓と解説板③

アメリカの250キロ爆弾の破片②

させられ、不安で寂しい思いをしたといいます。

また近隣の武蔵野大学に落下した250キロ爆弾の残骸が観音像脇に置かれています。当時は武蔵野女子学院で、工場からは1キロほど離れていますが、巻き添えで4人の女学生が亡くなっています。

寺前の道を東に行くと、今度は源正寺③があります。寺手前の道を左に入り、裏の墓地に向かいます。墓地入口からすぐのところに「倶会一処」と書かれた墓石③があります。これは工場爆撃の際、身元不明となった遺骨を葬った墓です。

また敷地内には大きく欠けた墓石があり、補修された石もあります。これは爆撃で被害を受けたもので、欠けた墓石は、戦争を忘れないために遺族の意向で敢えて補修していないそうです。

墓脇の道を北に進み、突き当たりを右へ行くと、マンションが途切れて商店街が左右に連なっています。この辺りに武蔵製作所の正門④がありました。市の解説板があります。ここから住宅団地内を抜けてまた武蔵野中央公園に向かいます。

団地との境あたりの広場に解説板が並びます。この場所は東西に分かれていた武蔵製作所の中央部にあたり、米軍はここを爆撃照準点⑤として爆弾を投下しました。しかし天候などで投下地点はしばしばずれ、周囲の住民にも大きな被害が出ました。

実はこの場所には、工場の唯一の遺構として変電室が残っていましたが、保存運動にもかかわ

欠けたまま戦争の記憶をとどめる墓石③

武蔵製作所正門跡④

らず、都は2015年に建物を壊してしまいました。整備の際、工場時代の地下道が発見され、その床盤は脇に残されています。

工場東部分は戦後まもなくから住宅となり、今も高層住宅が建ち並んでいます。その中の広場の一角に「グリーンパーク球場跡」⑥との解説板があります。1951（昭和26）年に開設されますが、なんと1シーズンで閉鎖されました。

爆撃で壊滅状態となった中島飛行機武蔵製作所（昭和館蔵）

武蔵製作所爆撃照準点に置かれた解説板⑤

工場地下道の床盤

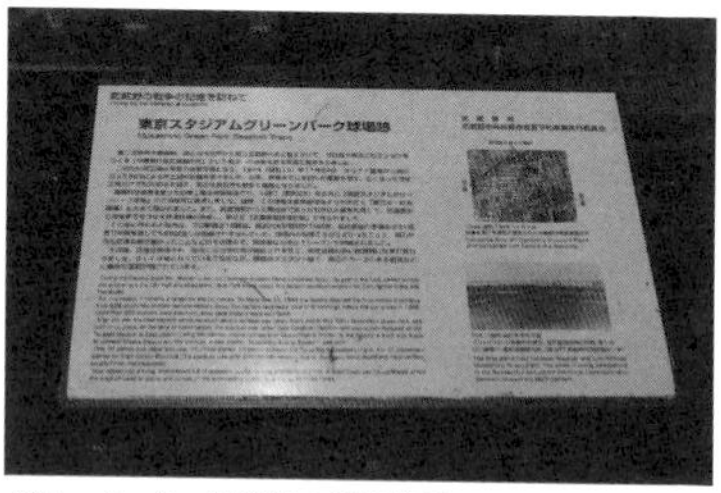

グリーンパーク球場の解説板⑥

球場跡地を抜けていくと武蔵野市役所があります。前の道路までが工場用地でした。道路向かいに武蔵野総合体育館・武蔵野陸上競技場⑦がありますが、これは工場従業員用の運動場を戦後再利用したものです。温水プール奥の競技場入口手前に解説板があります。

競技場は今も土塁で囲まれていますが、戦時

周囲に土塁の残る武蔵野陸上競技場⑦

中は土塁の下に防空壕があり、土塁上には高射機関砲が設置されました。

競技場隣の武蔵野市立第四中学校は、戦前は工場に併設された「第一青年学校」⑧で、若い従業員は働きながらここで学んでいました。現在の高校生ぐらいの年齢で、主に職業訓練をしていました。

武蔵製作所併設の青年学校の解説板⑧

敗戦後まもなくの武蔵野市空撮写真。上側の白い廃墟が武蔵製作所跡地。下端中央が三鷹駅

調布飛行場周辺には掩体壕も残る

伊豆諸島への定期便が運行されている調布飛行場も戦前は軍の航空基地でした。その範囲は現在の飛行場のほか、東京外大、味の素スタジアム、武蔵野の森公園などに広がり、さらに東は野川から西は西武多摩川線を越えた先まで、飛行機の格納施設などが点在していました。滑走路は１０００メートルと７００メートルがほぼ直交していました。

調布飛行場は戦争の激化に伴い、首都防空のための中心基地として１９４０（昭和15）年に完成しました。東京への空襲が始まると防空基地として利用されますが、日本軍が制空権を失

う と１９４５（昭和20）年の春には部隊が移動し、ほぼ役割を果たせなくなります。戦後は米軍に接収されたあと１９７３（昭和48）年に返還され、現在のような土地利用となります。周辺には高射砲陣地や戦闘機の掩体壕などが数多く残ります。

三鷹駅あるいは調布駅からバスで「大沢橋・羽沢小学校前」バス停に行きます。国立天文台の近くです。「羽沢小学校前」交差点のT字路から坂を登ります。ほぼ登り詰めたところで右に入ると保育園「椎の実子供の家」⑨があります。

この中に調布飛行場を守っていた高射砲の台座が残っています。通常1か所の高射砲陣地には6門の砲が置かれましたが、ここには4門の台座が残ります。第八章で紹介した青戸のような残骸ではなく、当時の形状をほぼ留めています。

園の敷地外には記念碑も建っています。ここは１９４５（昭和20）年2月にアメリカの戦闘機に攻撃され4人が戦死しました。戦後の１９５７（昭和32）年、当時の市長が「戦跡を残そう」と土地を購入して保育園を建てました。

ですからここは公開が前提で、園に連絡して事前に予約すれば、中に入って間近に見ることができます。先の武蔵製作所の遺構とはえらい違いです。

先ほど登った坂を下り、T字路を左に行って野川を渡ります。渡ってすぐの信号交差点を右に

保育園園庭に残る高射砲台座跡⑨

進むと、道の両側に大谷石の古びた門柱があります。「東京調布飛行場」⑩と書かれています。

調布飛行場は、建前上は当時の東京府が設置した公共飛行場でした。羽田の代替施設との位置付けもあったのです。通りを進んでいくと、滑走路を眺めながら食事もできる「プロペラカフェ」の入口があり、さらに先に飛行場ターミ

高射砲陣地の記念碑⑨

戦前に建てられた調布飛行場門柱⑩

ナルがあります。

そこも過ぎてしばらく行くと都立武蔵野の森公園が右側に現れます。その中に「大沢1号」と名付けられた掩体壕が保存されています。一部が切られており、片面は塞がれて、ここに格納されていた戦闘機「飛燕《ひえん》」の絵が描かれています。また近くに飛燕と掩体壕の10分の1模型⑪が置かれていて格納の様子がわかります。

少し離れた場所には「大沢2号」があり、こちらは完全な形で残っています。幅・奥行きとも12メートルほどで、高さは4メートルほどです。敵の爆撃・銃撃から機体を守るのが目的で、コンクリート製が30基、竹の屋根で偽装したものが30基作られたといいます。今は周辺に4基だけ残っています。

飛行場北端を回り込んでいきます。途中の展

戦闘機「飛燕」の模型⑪

望の丘では離発着の眺めがいいです。公園サービスセンター方面に向かう道の右奥、公園外に出るところには、調布飛行場外周に作られた戦前の玉石張りの排水路⑫が残っています。

サービスセンター⑬には興味深いものが展示されています。周辺工事で発掘された飛行機のプロペラです。戦時中の輸送機のものです。飛行場の歴史や掩体壕についての詳細なパネル展示もあり、勉強になります。

そこから公園正門を出ると、左側には東京外国語大学があり、さらに左手先には警察大学校などがありますが、米軍から返還されるまでは「関東村」という米軍住宅が広がっていました。

そのまま西武多摩川線の多磨駅に行き、一駅先の白糸台駅で降りましょう。駅から400メートルほど北の甲州街道陸橋脇に、「白糸台

見ることができます。

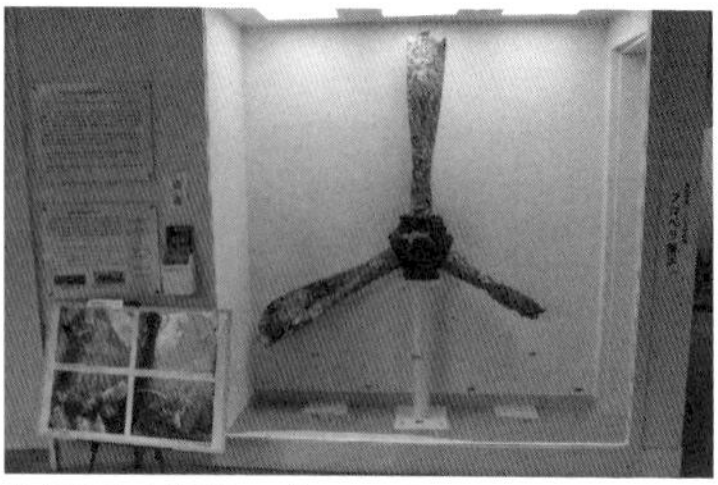
発掘された戦前のプロペラ⑬

掩体壕」⑭があります。保存状態はよく、入口間近まで近寄って中を見ることができます。

調布飛行場近くに、もう一つ広大な軍用地がありました。陸軍燃料廠です。現在は自衛隊府中基地、府中の森公園などがある場所で、その北側は米軍から返還されたものの、まだ利用計画が決まっていません。

燃料廠とは、特に航空機燃料を中心とした石油製品の生産・確保を任務とした部署です。１９４１（昭和16）年、日本がベトナムに進駐したことを受けてアメリカが日本への石油輸出を禁止します。日本は当時、石油の大部分をアメリカからの輸入に頼っており、これが日米開戦の直接の引き金になります。軍はこうした情勢の中、自前の石油・ガソリンなどの確保・備蓄を進めるため、１９４０（昭和15）年に燃料廠を設置します。日本は当時、石油精製能力も低く、多くをアメリカからの輸入に頼っていたため、その技術向上なども研究されました。また近くの浅間山には秘密の燃料貯蔵施設や防空壕などもあったようです。

遺物はほとんどありませんが、府中基地内の給水塔は戦前のものです。また米軍から返還後未

白糸台掩体壕⑭

利用の土地の中には、米軍が使用していた通信用のパラボラアンテナ⑮がまだ残っています。住宅街の向こうに巨大なアンテナがそびえる姿はかなり異様です。

穴だらけの変電所を保存公開

立川飛行場は1922（大正11）年に開設されました。当時は軍民共用空港でしたが、民間航空機能が1933（昭和8）年に羽田に完全に移転してからは軍用の飛行場となります。戦争が激化すると実戦部隊は柏などに移転し、立川は研究開発などの拠点となります。

飛行場を中心に西側に陸軍の航空工廠、東側に立川飛行機、日立航空機などの航空機産業の工場が建ち並び、立川は軍都として栄えまし

自衛隊府中基地内の給水塔

いまだに残る米軍基地のパラボラアンテナ⑮

た。戦後は米軍に接収され航空基地として利用されますが、滑走路が短かったため米軍が拡張を要求。これに反対する住民らの砂川闘争が起きます。

しかし国際情勢の変化から米軍は13年後に要求を撤回します。用地買収は9割終わっていたといいます。さらに1977（昭和52）年に基

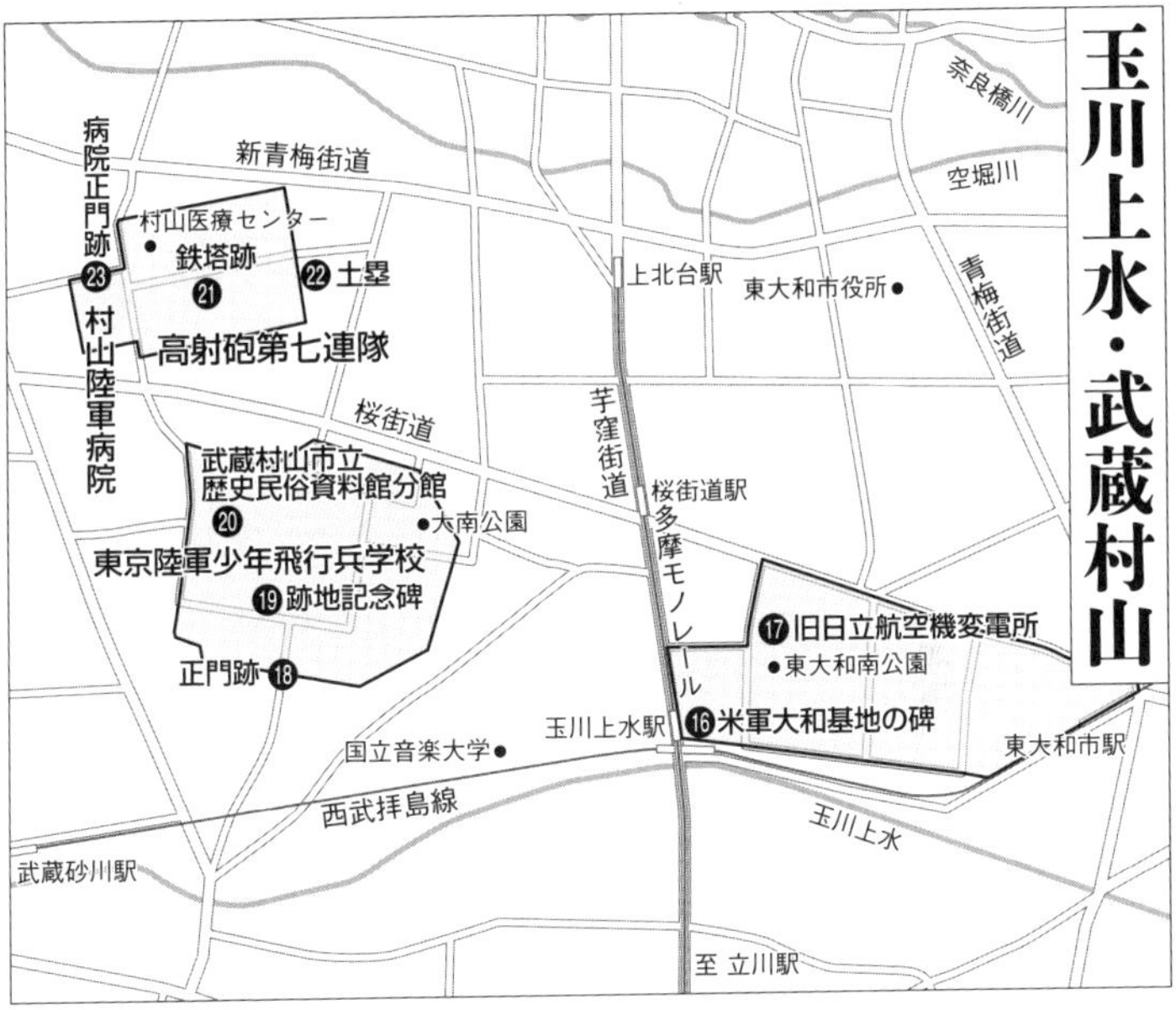

地は返還され、跡地は自衛隊駐屯地や昭和記念公園などになっています。

旧軍時代の痕跡はほぼありません。昭島市中神町の富士見通りに陸軍航空工廠の碑があるくらいです。また立川駅から多摩モノレールに乗って外を見ていると、高松駅を出てすぐの右側間近と、立飛駅の左側遠方に古い給水塔があり、これは戦前のものです。

そのままモノレールに乗って玉川上水駅まで行きます。西武拝島線も通っています。駅前広場に米軍大和基地の碑⑯があります。この基地は敗戦と同時に接収されたのではなく、朝鮮戦争の激化に対応して1956（昭和31）年にできました。戦時中は軍用機のエンジンを製造していた日立航空機の工場であり、戦後は民

立川飛行機工場の給水塔

米軍大和基地開設記念碑⑯

間所有となっていましたが、戦後10年して、アメリカは接収を行ったのです。

1973（昭和48）年に基地は返還され、現在は都立東大和南公園、都立東大和療育センター、住宅団地などがあります。

その東大和南公園に入っていきましょう。広場の奥に無数の弾痕が残る2階建ての建物があ

旧日立航空機変電所の建物⑰

ります。「旧日立航空機変電所」⑰です。視野に入ると首筋がピリピリとするような、そんな強烈な存在感があります。「西の原爆ドーム東の変電所」と言われるゆえんです。

その名の通り、日立航空機の変電所として戦前に建てられ、機銃掃射攻撃でこのような姿になりました。工場自体も壊滅状態になりますが、戦後、他の建物が建て替えられたりする中、外壁の補修すらしないまま現在まで残りました。

毎週水曜、日曜に内部が公開されます。ぜひお越しください。工場や周囲の歴史などが展示されていますが、コンクリート壁を貫通した機銃弾の跡などもあります。これらの攻撃は艦載機などからの戦闘機によるものですが、こうした機銃掃射は戦争末期には全国で行われ、多数

壁に残る無数の弾痕。執拗に銃撃されたことがわかる

陸軍少年飛行兵学校跡の碑⑲

の民間人に悲惨な被害が出ました。

少し離れますが、変電所跡から1・5キロほど西の地域には、陸軍少年飛行兵学校がありました。1938（昭和13）年に開校し、1943（昭和18）年に制度改定に伴い改称します。航空兵養成には時間がかかるため若年からの養成が重視されるようになり、最年少は14歳からこの学校に入って航空兵下士官を目指しました。

武蔵村山市大南3丁目には正門跡の碑⑱が建てられ、近くに別の跡地石碑⑲もあります。同じく近くに武蔵村山市立歴史民俗資料館分館⑳があり、飛行兵学校や高射砲第七連隊駐屯地など、多摩地区の軍用地について詳しく知ることができます。小さな自治体ですが、非常に頑

武蔵村山市立歴史民俗資料館分館⑳

張って取り組んでいると思います。

高射砲第七連隊は少し北、現在の国立病院機構村山医療センター周辺にありました。病院そばの雷塚公園には訓練に使った鉄塔の跡㉑が地面の盛り上がりとして残っています。鉄塔間のワイヤーに飛行機を吊るして動かし、照準の訓練としました。また近くの「さいかち公園」脇には、駐屯地を囲んでいた土塁㉒が残っています。

村山医療センターに隣接する東京経済大学のグラウンドには、かつて村山陸軍病院があり、これが現在の村山医療センターの前身です。北側に解説板㉓があります。

昭島駅近くの「東京・昭島 モリパーク」やその駅側の集合住宅・商業施設区域は、昭和飛行機の大工場で、主に輸送機を生産していました。隣接して滑走路もありました。

今も眠る大地下工場トンネル

横田基地は沖縄を除く日本本土最大の米軍基地で、在日米軍などの司令部がある最重要基地で

高射砲第七連隊跡地の鉄塔跡㉑

す。元は戦前に陸軍が作った多摩飛行場でした。１９４０（昭和15）年、戦争が激しくなってからの開設で、多摩の奥に立地したことから秘匿性が高く、新型兵器のテストなどが行われる場所でした。

このため米軍は偵察飛行などで滑走路の存在は認識していたものの、名前や役割を知ることができず、当時米軍が持っていた地図にあった「Yokota」という地名が近かったことから「Yokota Airfield」と命名します。地元では開設当時は「福生飛行場」と呼んでおり、現在近くに「横田」という地名はありませんが、米軍の呼称が定着してしまいました。

戦前は２００万平方メートルほどの広さで滑走路は１２００メートルでしたが、１９６０（昭和35）年ごろまでに米軍が拡張し、約

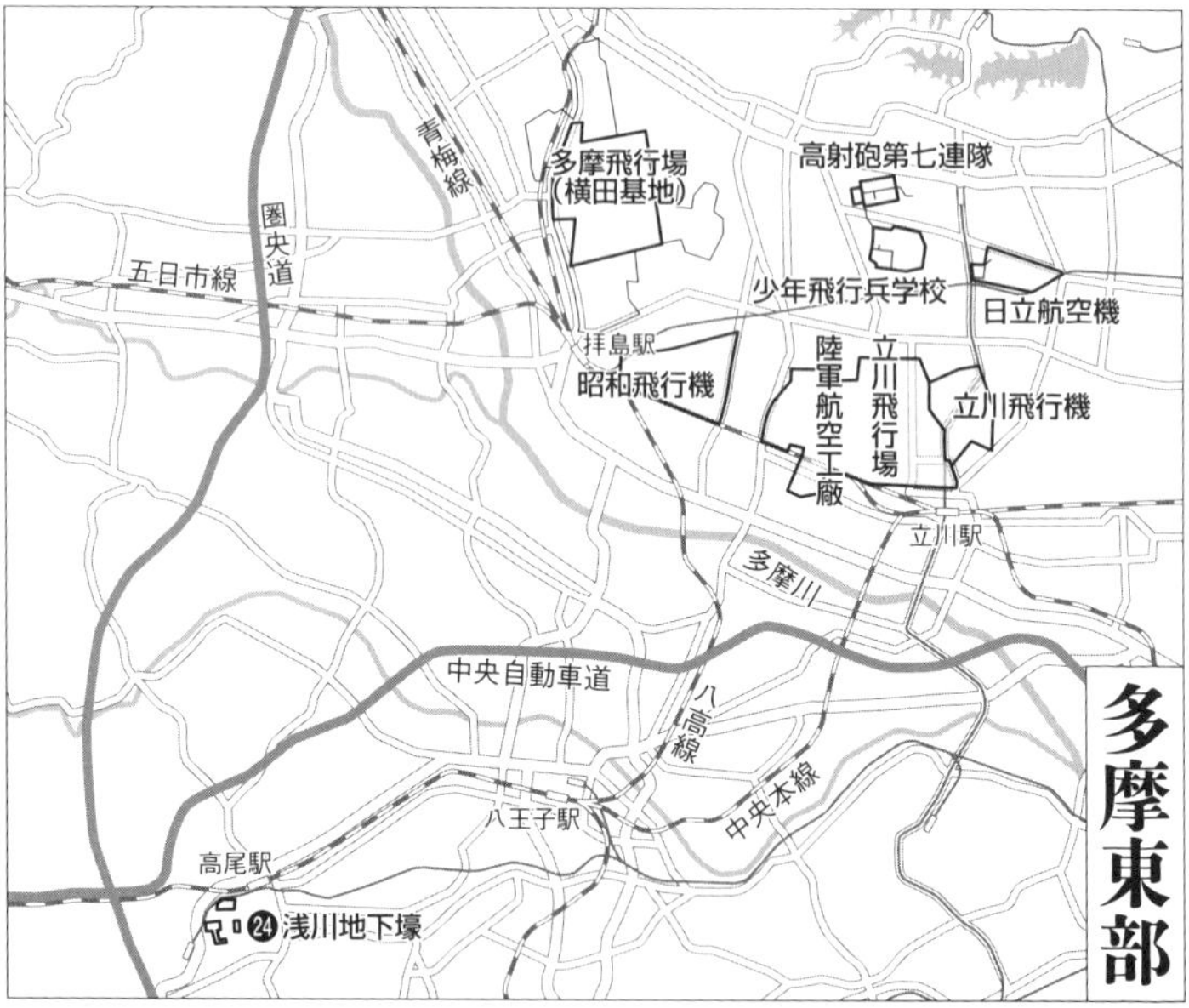
多摩東部
高射砲第七連隊
多摩飛行場（横田基地）
青梅線
圏央道
五日市線
少年飛行兵学校
日立航空機
拝島駅
昭和飛行機
陸軍航空工廠
立川飛行場
立川飛行機
立川駅
多摩川
中央自動車道
八高線
中央本線
八王子駅
高尾駅
㉔浅川地下壕

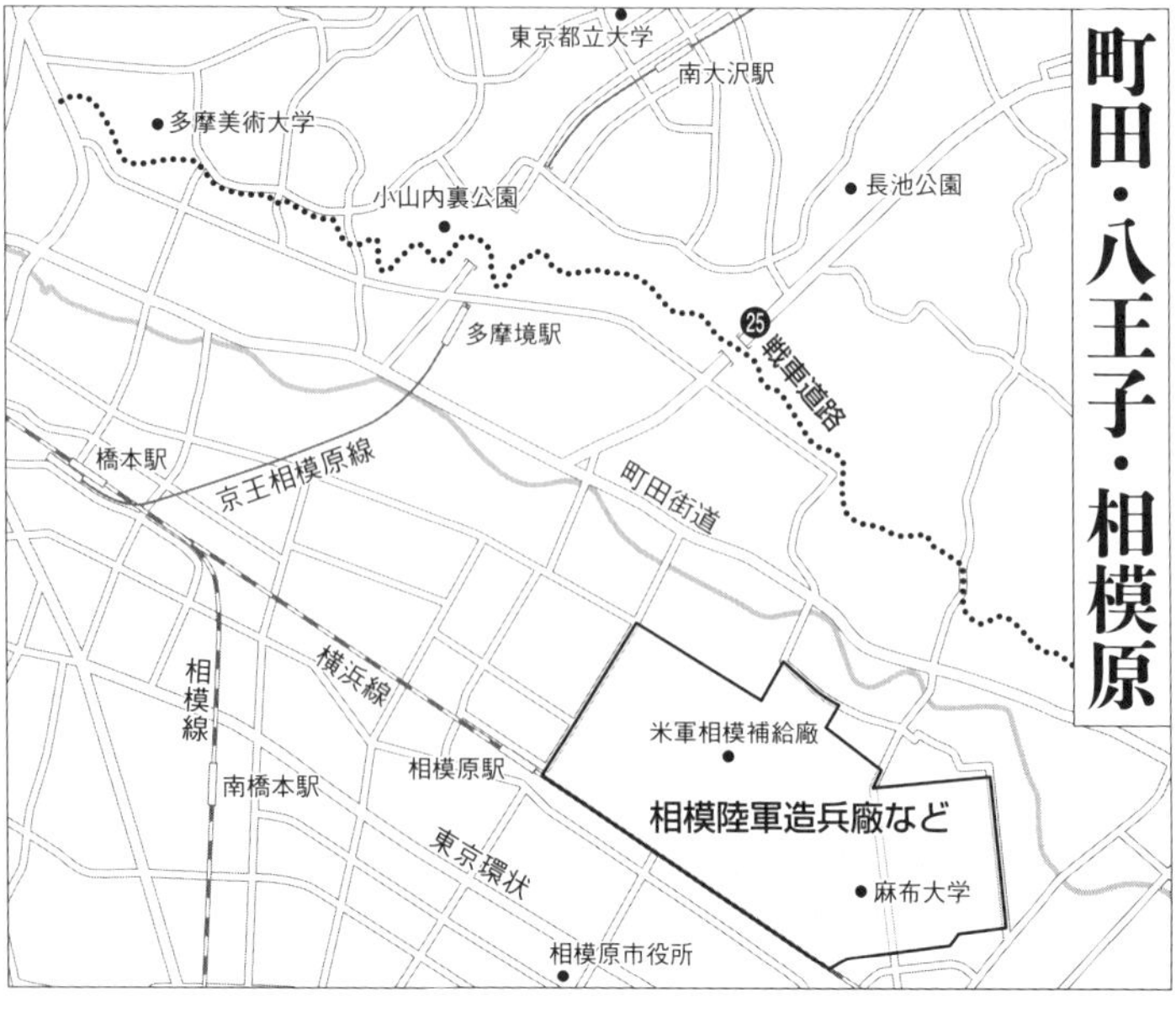
町田・八王子・相模原
東京都立大学
南大沢駅
多摩美術大学
小山内裏公園
長池公園
多摩境駅
㉕戦車道路
橋本駅
京王相模原線
町田街道
相模線
横浜線
米軍相模補給廠
相模原駅
南橋本駅
相模陸軍造兵廠など
東京環状
麻布大学
相模原市役所

旧軍時代からある横田基地の格納庫

700万平方メートルに3350メートルの滑走路を持ちます。この拡張でJR八高線は路線を変更させられ、五日市街道は分断されて大きく迂回させられています。

実は基地内には旧軍時代の格納庫がいくつか現役で使用されています。基地内は時たま行われる基地公開で見ることができます。また昭和天皇が戦前に行幸した際に置かれた石もあるそうです。格納庫は、現代の巨大な輸送機を入れると尾翼が引っかかってしまうため、その部分が入るように切れ込みが入れられています。

先ほど紹介した中島飛行機武蔵製作所は、戦争末期には激しい攻撃にさらされました。これを避けるために軍は工場の分散とともに、地下工場の建設を目論みます。その工事は実行に移

浅川地下壕の内部㉔

され、国内最大規模の地下工場建設が進められたのが八王子市の浅川地区㉔です。

本格的な工事は1945（昭和20）年に入って進められ、主に3か所で総延長10キロメートルにもおよぶトンネルが掘られます。工事には数千人の朝鮮人が動員されました。6月には工作機械も搬入されて4000人体制で工場が稼働しますが、高湿度で機械のサビがひどく、従業員も10度台という低温で体を壊すものが多く、生産は上がりませんでした。

まもなく終戦を迎え、その後はほとんど活用されることなく封印状態ですが、地元の「浅川地下壕の保存をすすめる会」が月に1回程度の見学会を実施しています。会では貴重な戦争遺跡として文化財とし、公的に公開を進めることを主張しています。

今は気持ちのいい緑道となった「戦車道路」㉕

内部には掘削跡や機械の設置跡などが残ります。多数の坑道が縦横に通っていますが、落盤等の危険があるため大部分は封鎖されています。その巨大さは防衛省の地下壕の比ではありません。これに匹敵する地下施設は皇居も移そうとした松代大本営ぐらいだと思います。よくぞ80年間もったなという印象です。ぜひ保存すべきでしょう。

八王子市と町田市の境界付近の丘陵地帯には、およそ8キロもの尾根緑道、別名「戦車道路」㉕が残ります。これはさらにその南の神奈川県相模原市にあった相模陸軍造兵廠で生産された戦車の走行テストをするための道でした。

道路は1943（昭和18）年に建設され、全部で30キロの予定でしたが敗戦で中断しました。走行試験とともに、同時期に移動してきた陸軍士官学校生の操縦訓練なども行われました。戦後は防衛庁が利用していましたが、その後町田市が国から借りて緑道として整備し、現在のようになりました。

戦車用だったので幅が広く、適度な登り下りがあって散策やサイクリングに最適です。途中展望台などもあり、特に桜の季節にはさまざまな種類の桜が咲いて素晴らしい場所です。比較的近い駅は京王相模原線の多摩境駅です。

あとがき

東京都内に残る軍遺跡の数々、いかがだったでしょうか？　まえがきでも書きましたが、本書は書籍として読むだけのためのものではなく、本書を手に各地の遺跡を訪ねていただくために書きました。本書を読み終えた皆さん、ぜひ現地を訪ねてください。著者が言うのもなんですが、本を読むよりはるかに大きな印象を受けると思います。

そして都内各地の軍遺跡について知った皆さんは、もう以前のようには東京を見ることはできないと思います。土地の由来を知ることは、その土地のこれからへの思いに影響を与えずにはいられないからです。

具体的な例で言うと、今問題となっている神宮外苑の再開発が挙げられます。大きな問題となっているのは豊かな外苑の森の木をたくさん切ってしまうのはいかがなものか、という視点です。そうした視点も大事と思いますが、私はこの土地の歴史的な背景から考えることが必要だと思います。

江戸時代まで外苑一帯は江戸の郊外で、旗本屋敷が点在し、幕末には一部に幕府の火薬庫ができました。維新後しばらくして、明治政府はそれまでの住民の多くを半ば強制的に立ち退かせて青山練兵場を作りました。

草木のなくなった練兵場のおかげで、信濃町は「砂の街」と言われました。ここで博覧会を開く計画が頓挫した後、明治天皇の遺徳を偲ぶ国民公園を作ろう、ということで多くの国民の勤労奉仕や献納の結果、神宮外苑ができました。明治神宮の「外苑」とはいえ、国民全体のための公園だったのです。

それがなぜか敗戦時に大部分が宗教法人明治神宮の所有物なってしまい、その収益源として今に至り、さらに大デベロッパーと組んで高層ビルなどを建てようとしています。何かおかしくないでしょうか?

今や都内に広い土地があると、どんどん高層ビルを建てて再開発し、収益を上げようと皆が血眼になっているように見えます。これから人口が減ると言うのに。

土地にはさまざまな来歴があり、与えられた環境というものがあります。土地の歴史を知った上で、どのような街づくりをするのか考えるのは決して無駄なことではないと思います。

軍の時代というのはごく一部の歴史ではありますが、時代も比較的近く、この国や東京の歴史に多大な影響を与えています。この本が東京の街の在り方の参考に少しでもなれば嬉しく思います。

黒田　涼

黒田 涼（くろだ りょう）

作家・江戸歩き案内人。各地の歴史の痕跡を、歩いて、探して見出すことにこだわっている。江戸・東京23区内に詳しいが、近年は全国の城下町紹介など地方にも力を入れている。執筆のみならず散策講師も年数十日務める。「おはよう日本」「タモリ倶楽部」「美の壺」などテレビ出演も多数。主な著書に「新発見！　江戸城を歩く」「江戸の大名屋敷を歩く」「江戸の神社・お寺を歩く」（以上祥伝社新書）、「段差ゼロの東京歴史さんぽ」（オレンジページ）「日本百城下町」（笠間書院）。

大軍都東京
忘れられた日本の戦争遺跡を訪ねる

2025年2月5日　初版第1刷発行

著者　黒田 涼
発行者　池田圭子
発行所　笠間書院
〒101-0064
東京都千代田区神田猿楽町2-2-3
電話　03-3295-1331
FAX　03-3294-0996
ISBN 978-4-305-71034-5

装幀・デザイン　井上篤（100mm design）
写真提供　共同通信社・国土地理院・国立国会図書館・昭和館・都立中央図書館
図版協力　今村央
本文組版　マーリンクレイン
印刷・製本　平河工業社

https://kasamashoin.jp